Mon bataillon coloré

Warner A.Ross

Writat

Cette édition parue en 2024

ISBN : 9789359942438

Publié par
Writat
email : info@writat.com

Contenu

MON BATAILLON DE COULEUR

Vous m'avez fait cet honneur ce soir parce que vous savez que j'étais le commandant d'un merveilleux bataillon d'infanterie de combat composé entièrement (à l'exception de moi) d'officiers et d'hommes de couleur américains.

Vous savez aussi que pendant un certain temps, pendant la Grande Guerre mondiale, nous étions en première ligne de cette magnifique vague d'Alliés déterminés en France qui ont tenu et finalement balayé les forces diaboliques de l'autocratie et de la tyrannie et ont rendu possible pour que les peuples épris de liberté poursuivent leur progression lente mais régulière vers une véritable démocratie.

Vous aimeriez entendre beaucoup de choses sur ce bataillon de la part de son commandant blanc, car vous savez qu'il était composé d'hommes courageux et soutenus par des femmes courageuses de votre propre couleur qui ont fait leur devoir envers vous et envers leur pays et l'ont bien fait. Votre présence ici et l'expression de vos visages prouvent que vous êtes profondément, je l'espère, intéressés par l'intégrité et l'avancement de votre race.

Vous aimeriez aussi savoir quelque chose sur moi en tant que soldat, je suppose, car on vous a dit que j'étais le meilleur ami qu'avait le soldat de couleur. Je crains que ce mot *ne* le rende injustement fort, car le soldat de couleur a de nombreux amis blancs. Néanmoins, je suis heureux d'avoir eu le privilège et l'occasion de prouver que mes efforts en faveur de la cause commune, la cause des Alliés, n'ont pas été entravés ou diminués du tout par le fait que mes officiers et mes hommes étaient de couleur.

Une chose est sûre, il n'y avait aucun doute sur l'américanisme de ma tenue, aucune question de trait d'union, aucune crainte que leur amour ou leur haine pour une autre nation ne dépasse leur amour pour la nôtre. Le dévouement, le patriotisme et la loyauté du Noir américain ne font aucun doute. Mon seul reproche est que je l'ai traité avec justice – c'est tout ce dont il a besoin ou ce qu'il demande.

Le deuxième bataillon du trois cent soixante-cinquième infanterie américaine (le bataillon dont nous parlons) était une organisation remarquable, à bien des égards, malgré bien des choses, une organisation merveilleuse. Sur la ligne de bataille et hors de la ligne de bataille, avant et après l'armistice, il n'y a pas eu une phase de l'art militaire ou du terrible jeu de guerre dans laquelle ce bataillon n'a pas excellé. À franchir les sommets, à attaquer les positions ennemies, à résister aux raids et aux assauts, à résister aux tirs nourris d'obus, à supporter les gaz de toutes sortes, à patrouiller dans les no man's land, aux exercices, aux marches difficiles, dans la discipline et la courtoisie militaire, à se conduire proprement en camp ou dans les villages français, et en général tout autour de la vivacité, il excellait en tout.

Une grande partie de cela pouvait être constatée en parcourant les registres du bataillon et du régiment. Mais ce qu'il y a de plus important à propos de ce bataillon n'est pas directement consigné dans les données et les rapports écrits. C'est une question gravée à jamais dans l'esprit et le cœur des hommes qui composaient ce bataillon. Je parle de leur *moral magnifique* , de leur fierté mutuelle, de leur travail d'équipe, de leur esprit de bonne volonté, de leur endurance et de leur bravoure inégalées dans l'accomplissement de leur devoir.

Cela semblera étrange à la plupart d'entre vous, presque impossible à ceux qui ont servi dans d'autres formations, lorsque je vous dirai que pendant tout mon service dans la 365e infanterie, que j'ai commencé comme capitaine en décembre 1917, et a fini comme commandant de bataillon lorsque le régiment a été démantelé à Camp Upton, New York, en mars 1919, *pas un seul* officier de couleur sous mon commandement n'a jamais été arrêté, et *aucun* officier de couleur n'a jamais été menacé d'une commission d'efficacité. Et pendant les nombreux mois éprouvants pendant lesquels j'ai commandé le deuxième bataillon, tant sur les lignes de front qu'à l'extérieur, seuls deux hommes de troupe ont été jugés par moi en tant que tribunal sommaire – et ils ont été acquittés.

Il en va de même pour les neuf cents officiers et hommes de toutes les unités du régiment qui vivent à Chicago ou à proximité que j'ai amenés de Camp Upton pour être mis hors service à Camp Grant. Ceux d'entre vous qui étaient à Chicago se souviennent avec quelle fierté le détachement de Camp Grant du trois cent soixante-cinquième infanterie a défilé dans les rues le 10 mars 1919, sans accroc ni une seule rupture de discipline.

C'est sans aucun doute difficile à croire, car cela bouleverse une multitude de théories et d'enseignements consacrés et de convictions honnêtes sur la discipline et l'efficacité militaires, mais les faits tels qu'énoncés peuvent être vérifiés. Les membres de ce bataillon et de ce régiment sont parmi vous. Leur demander. Il ne s'agissait en aucun cas de tenues spécialement sélectionnées ou choisies. Les officiers et les hommes étaient de toutes sortes, de toutes conditions, pour la plupart des hommes de trait et de toutes les régions des États-Unis. Ils étaient représentatifs de leur race dans son ensemble, mais dans chaque cas, un peu de discipline de la compagnie ou de la police militaire ou, dans de rares cas, une brève conférence avec le capitaine ou le major faisait le travail. Considérant l'excellent service rendu par les unités en question et spécialement par le deuxième bataillon de ce régiment, je considère cela comme un grand hommage à nos soldats de couleur américains. Il y a beaucoup de choses qui méritent une sérieuse considération concernant la discipline, l'efficacité et le moral de cette organisation.

Et maintenant, avant d'aller plus loin dans cette conférence, je tiens à vous dire, mes amis de couleur, que je suis fier d'avoir été le commandant de ce bataillon. Mon exposé portera nécessairement principalement sur ce bataillon, car je l'ai commandé pendant l'expérience du régiment sur les lignes de bataille et pendant la plus grande partie de mon service au sein de la division. Et maintenant plus que jamais, je crois, comme j'avais alors de nombreuses raisons de le croire, qu'aucun bataillon d'une armée, qu'il soit blanc ou noir ou d'une autre race ou couleur, n'aurait pu faire les mêmes choses et les faire mieux que le deuxième bataillon. de la trois cent soixante-cinquième infanterie, cent quatre-vingt-troisième brigade, quatre-vingt-douzième division de l'armée américaine en France.

Cela peut vous intéresser de savoir, surtout après ce que j'ai dit sur les méthodes pour assurer la discipline - car les résultats comptent - que j'ai obtenu ma commission de major et, bien plus encore, mon poste de commandant de bataillon d'infanterie de première ligne pour l'efficacité sous le feu. . J'ai quelques citations et lettres et un témoignage signé par des officiers blancs et de couleur qui ont été témoins, pour leur sang-froid, leur bravoure, etc. Trente-cinq ou quarante officiers et hommes ont été cités pour leur bravoure dans les ordres de la division. Des médailles ? Non, je n'ai reçu aucune médaille ni décoration spéciale. Ni aucun membre vivant, officier ou homme, de mon bataillon. En fait, à ma connaissance, pas un seul officier ou homme vivant de l'ensemble de la 365e infanterie n'a reçu de décoration ou de médaille de quelque sorte que ce soit, américaine, française, belge ou autre. À première vue, pour quiconque connaît les faits, cela semblerait être une injustice ou une erreur des plus flagrantes.

Beaucoup de membres de mon bataillon et du régiment, en particulier ceux qui étaient avec nous au moment de l'armistice et pendant tout ou partie des terribles jours et semaines qui l'ont précédé, ressentent et ressentent cela très vivement. Dans l'armée, vous savez que tout doit passer par les « canaux militaires » – de la compagnie au bataillon, en passant par le régiment, la brigade, la division et ainsi de suite. J'ai recommandé certains de mes officiers et hommes pour les décorations. Et si je connais quelque chose en matière de conduite méritoire, de réussite réelle, de bravoure, de bravoure , etc., ils les ont amplement mérités. Ces recommandations parvinrent au quartier général de la brigade. J'estime que certains officiers de l'armée régulière ont jugé bon de les repousser.

Peu après l'armistice, nous avons eu une succession de commandants de régiment étranges, qui n'ont montré aucun intérêt à défendre notre cause et ainsi, à cause d'une combinaison de circonstances malheureuses, le régiment est sans médaille. Je comprends que notre brigade a reçu une certaine reconnaissance. Je ne reproche à aucun officier ou homme sa ou ses médailles s'il les a réellement gagnées, mais je regrette que mon régiment et mon propre bataillon puissent ainsi être ignorés. Vous pouvez le croire ou non quand je dis que je ne me soucie pas des médailles pour moi. Le peu que j'ai fait pour la cause de la démocratie – j'entends par là ce que j'ai fait pour mon bataillon de couleur ainsi qu'en essayant d'aider à fouetter l'ennemi – est une affaire de moi et de moi-même.

Les citations dont je suis incomparablement plus fier que les citations que j'ai reçues ou les médailles que je n'ai pas reçues n'étaient pas imprimées à l'encre ni estampillées sur du métal. Ils ont été écrits avec une pointe de feu dans le cœur courageux et vrai de mes soldats de couleur.

Et qui sait (si je peux me permettre un petit sentiment) ? Qui peut le dire ? Peut-être que ceux qui ont courageusement enduré les tourments de l'enfer, à cause de la folie des vains oppresseurs de ce monde méchant et qui, sans se plaindre et avec altruisme, ont donné tout ce qu'ils avaient, tout ce que chacun pouvait donner - *ont donné leur vie* - pour défendre notre grande nation et dans le cause de la démocratie. Peut-être, dis-je, certains des esprits des morts de ce bataillon ont déjà chuchoté dans le royaume glorieux de l'au-delà où règne le grand et tout-puissant Dieu de justice, d'amour, de paix et pour qui le caractère de l'homme est la seule chose qui compte. . Peut-être ont-ils murmuré ou murmureront-ils : « Notre commandant a non seulement bravé la fureur des Huns, mais il a méprisé les préjugés mesquins de quelques Blancs et *nous a traités* comme des officiers et des hommes. »

Les officiers désignés pour servir dans la quatre-vingt-sixième division, qui devait être formée à Camp Grant, dans l'Illinois, reçurent l'ordre de se présenter au travail le 28 août 1917. Je me présentai ainsi et fus affecté à la trois cent quarante et unième infanterie. En tant que capitaine, j'ai été choisi pour commander la compagnie « G ». J'ai reçu mon quota des premiers hommes recrutés à arriver, le 2 septembre. Ils continuèrent à arriver et en quelques semaines j'avais deux cent quatre-vingt-douze hommes en plus de mes cinq lieutenants de camp d'entraînement. La nouvelle organisation venait d'entrer en vigueur. Les armes et le matériel arrivaient lentement. Il y avait plus ou moins de confusion ; personne ne savait vraiment quoi faire et un commandant de compagnie avait un vrai travail à accomplir. Jour et nuit, je travaillais, je m'entraînais, j'étudiais, j'enseignais, je faisais de la paperasse, et puis après trois mois ou un peu plus, juste au moment où je commençais à me vanter, comme tous les autres capitaines, d'avoir la meilleure compagnie du régiment, et alors que nous avions tous des visions d'entraînement pour la France, ils ont commencé à transférer nos hommes – trente ou quarante d'une compagnie à la fois – vers d'autres divisions, et notre cœur s'est serré.

J'ai essayé d'être muté moi-même, car comme beaucoup d'autres, je voulais devenir soldat en France, pas à Camp Grant. Les commandants de compagnie n'étaient pas transférés dans d'autres camps, mais juste avant Noël, je reçus l'ordre de me présenter à la cent quatre-vingt-troisième brigade, dont une partie était attachée à Camp Grant. J'ai ensuite été affecté au trois cent soixante-cinquième infanterie, régiment de cette brigade et de la quatre-vingt-douzième division (de couleur). J'étais sûr que la quatre-vingt-douzième division, puisqu'elle était la seule division de couleur complète et qu'il n'y avait pas beaucoup de danger que ses hommes soient transférés, se rendrait en France bien avant la quatre-vingt-sixième, et elle le fit.

Pendant un certain temps, j'ai travaillé pour une entreprise de fourniture. Puis je fus transféré à la compagnie du quartier général, organisation assez incertaine et compliquée à l'époque, avec un effectif autorisé de sept officiers et trois cent quinze hommes. Je suis resté dans cette entreprise jusqu'après notre arrivée en France.

Dans les régiments d'infanterie de la quatre-vingt-douzième division, les lieutenants et les capitaines étaient de couleur à l'exception des capitaines d'état-major du régiment et des capitaines des quartiers généraux et des compagnies de ravitaillement. Les majors commandant les bataillons, ainsi que le lieutenant-colonel et le colonel étaient d'anciens officiers blancs de l'armée régulière.

Nous étions en formation en France depuis peu de temps lorsque j'ai été nommé officier régimentaire du renseignement et des opérations. Là encore, il y avait une autre phase du véritable jeu de guerre à apprendre. J'étais responsable d'un grand nombre d'hommes sélectionnés et spécialement entraînés qui composaient les sections de renseignement et de reconnaissance, et j'étais en même temps l'assistant du commandant du régiment dans la préparation de nos propres mouvements et opérations. J'étais directement responsable de tout ce qui concernait notre connaissance et notre information sur l'ennemi. J'étais également membre de la plus haute cour martiale, celle qui avait le pouvoir d'infliger la peine de mort.

J'ai reçu l'ordre d'emmener les officiers de renseignement et de reconnaissance du bataillon et une partie du personnel de renseignement et de reconnaissance sur la ligne plusieurs semaines avant l'arrivée définitive de la division là-bas, pour étudier et apprendre le sous-secteur que notre régiment devait occuper plus tard. Je n'ai jamais été envoyé dans des écoles ou en mission spéciale et je n'ai jamais été en congé ou à l'hôpital, mais j'étais continuellement en service auprès des troupes combattantes.

J'ai mentionné ces choses pour vous montrer que j'avais acquis une expérience vaste et variée dans le cadre de la nouvelle organisation militaire et des nouvelles méthodes de combat qui s'étaient développées au cours de la Grande Guerre. C'était exactement le genre d'entraînement et d'expérience qu'il fallait pour accomplir la tâche difficile et responsable de commander un bataillon d'infanterie sur les lignes de front. J'avais commandé directement des officiers et des hommes blancs et de couleur. Je connaissais l'homme de couleur enrôlé. Et je connaissais aussi parfaitement les officiers de couleur récemment nommés, comme n'importe quel officier blanc de notre armée.

Comme je viens de le dire, j'ai été envoyé dans les lignes en avant du régiment pour étudier le secteur, me renseigner sur l'ennemi d'en face et sur les conditions en général. Lorsque nous sommes arrivés à portée de canons et un peu plus tard lorsque nos camions sont arrivés à portée juste au nord de Saint-Dié, j'étais tout intéressé et toute attention, car j'entrais enfin dans le genre d'endroit que j'avais lu et je pensais et réfléchissais depuis 1914, et je travaillais et m'entraînais chaque minute depuis mon entrée au camp d'entraînement de Fort Sheridan, le 10 mai 1917. C'est un travail difficile de se préparer à être tué dans une guerre moderne.

La Cinquième Division de l'Armée Régulière, déjà expérimentée dans la ligne, tenait alors ce secteur. Pendant plusieurs jours, j'étais occupé au quartier général du régiment situé dans ce qui restait du village de Denipere . Puis, avec l'aide de guides, j'ai commencé à découvrir et à apprendre en profondeur le secteur. Ce n'était en aucun cas une mince tâche : cela impliquait de nombreux kilomètres de marche et d'escalade difficile pendant plusieurs jours, sans parler des sensations fortes et de l'exercice mental. Nos garçons avaient transformé un secteur calme en un secteur très animé et quelques jours avant le départ de la Cinquième Division, ils se réduisirent et réussirent en partie à tenir le saillant de la Chapelle. Dans l'ensemble, c'était quelque peu excitant pour un novice qui explorait les toutes premières lignes.

Il y avait trois fronts ou secteurs de bataillon dans le front que notre régiment devait occuper. Chacun des trois bataillons avait deux compagnies en tête, une en soutien et une en réserve. Les compagnies étaient changées tous les neuf ou dix jours. L'artillerie française serait derrière nous. Le nôtre était en entraînement près de Bordeaux. Le secteur du bataillon central s'appelait CR Fontinelle . J'ai vite appris qu'il attirait la plupart des tirs et des raids ennemis en raison de la nature du terrain, c'est-à-dire de la configuration du terrain. Celui-ci serait détenu par notre deuxième bataillon, mais je n'avais alors aucune idée que je le commanderais bientôt.

L'ensemble du front en France était divisé en secteurs de bataillon ou centres de résistance, appelés CR. Le bataillon était l'unité de combat d'infanterie dans cette guerre. Lorsqu'elle était en ligne, elle avait tout ce qui lui était attaché pour en faire une organisation complète en elle-même : compagnies de mitrailleuses, troupes du génie, tenues de mortiers d'un livre et de Stokes, équipement de ravitaillement, personnel médical, etc. Les fronts régimentaires et de brigade variaient en taille et dans la manière dont ils étaient tenus. Souvent un régiment n'avait qu'un bataillon en tête, parfois deux et rarement trois, comme dans notre partie du secteur de Saint-Die.

Il y avait trois lignes ou systèmes de défense dans ce secteur. Premièrement, le système de travaux et de tranchées de première ligne , les groupes de combat, les abris-abris, les voies de communication, les mises en place de mitrailleuses , les mortiers de tranchée, les barbelés et, eh bien, il faudrait beaucoup de temps pour tous les nommer. Une soirée entière pourrait facilement être consacrée à raconter n'importe quelle petite phase de la chose. Deux ou trois milles plus loin dans ce secteur se trouvaient les lignes ou systèmes secondaires avec des tranchées, des câbles et tout, prêts à être occupés. Un peu en arrière se trouvait la majeure partie de l'artillerie légère. Quelques kilomètres plus loin se trouvaient le système de troisième ligne et l'artillerie lourde. Le système de première ligne était le plus intéressant et de loin le plus dangereux. Il y avait aussi ceci : en cas d' attaque ennemie , ils résistaient. En d'autres termes, leurs occupants sont restés et se sont battus jusqu'au dernier homme. C'étaient des ordres permanents et, à cette époque, cela ajoutait à mes yeux une sorte de fascination terrible pour les tranchées et les hommes de première ligne .

L'une des choses qui m'a impressionné lors de mes premiers jours dans la ligne était l'étendue, l'ampleur des travaux, la quantité prodigieuse de travail qui avait été nécessaire pour creuser et construire ces positions sous le feu, le creusement et le creusement de tunnels à de nombreux endroits. à travers la roche solide, également les connaissances militaires qui avaient été mises à profit dans la localisation et la construction de groupes de combat, de postes d'observation, de champs de tir, etc., ainsi que la quantité de système, de courage et d'énergie nécessaire pour les maintenir. Mais un mot horrible, laid et décourageant, d'un point de vue mondial, semblait écrit partout dans l'entreprise : gaspillage – perte de vie, perte de temps, gaspillage de l'argent des gouvernements, gaspillage de toutes ces choses que l'humanité malavisée aime et pour laquelle elle se bat. Quelle leçon choquante, quelle triste leçon, du seul point de vue du *gaspillage* !

Puis, à mesure que je m'habituais et m'endurcissais quelque peu à l'idée d'un gaspillage épouvantable et insensé, une autre chose commença à m'attirer plus fortement. La beauté des paysages, l'air vivifiant et le soleil des montagnes. C'était l'été, un été radieux, lumineux et glorieux. Toute la nature vibre et fourmille de vie et de bienveillance. Le ciel si lumineux, l'air si vif, si vivifiant ; les arbres si verts et frais. Les fleurs, l'herbe, même les mauvaises herbes et même la mousse sur les rochers semblaient chargées et mélodieuses de joie.

De petits ruisseaux, froids et scintillants, sautaient par-dessus de gros rochers à travers des ravins ombragés et rejoignaient au loin le ruisseau hilarant qui plus loin, là où le grand ravin s'était élargi, serpentait calmement au milieu des ruines du village pittoresque appelé Denipere et sortait à travers le large vallée au-delà. Et quel panorama cette vallée était depuis la route à flanc de montagne au nord de la ville, surtout le soir avec le baiser d'adieu d'un grand soleil rouge brillant sur la rivière sinueuse entre ses berges vertes et ses bouquets de saules, et scintillant sur les carreaux. les toits des maisons en pierre blanche restantes, les champs de différentes couleurs et les parcelles de bois, les routes blanches et leurs rangées de grands arbres, les collines et les dépressions ombragées, et le magnifique fond de montagnes au loin. L'aspect était différent à chaque fois que je le voyais, mais il y avait toujours la lueur paisible et la gloire de l'œuvre de Dieu. Ici, en effet, c'était La Belle France.

Bien souvent, au début, je m'oubliais, perdu dans une méditation joyeuse, alors que je contemplais cette vallée enchanteresse ou que je marchais le long des routes de montagne majestueuses enveloppées dans un feuillage dense, ou alors que je parcourais un sentier isolé ou une allée d'amoureux à côté d'un ruisseau ondulant, respirant profondément l'odeur âcre des choses en croissance et de la terre fraîche et humide. Puis, d'un coup, je revenais à la réalisation que ces obus hurlants, ces fissures métalliques, ces explosions étranges et discordantes étaient faites pour *mutiler* et *tuer* ! Qu'un ennemi déterminé à la destruction n'était qu'à environ un mile de distance ; que ces avions scintillants qui bourdonnaient au-dessus étaient en mission de haine et de meurtre ; que ces petits monticules que je voyais partout avec des croix de bois à une extrémité étaient les tombes de beaux jeunes hommes qui avaient été mutilés et tués par leurs semblables. Tout le cadre est si inspirant, si beau ; toute la nature si souriante et si harmonieuse, et le pauvre homme trompé et vaniteux si désharmonieux. Quelque part, d'une manière ou d'une autre, quelque chose n'allait pas – terriblement, sacrément mauvais.

Puis, sur les premières lignes, à la lisière de « l'abomination de la désolation » appelée no man's land, j'ai observé ces beaux jeunes hommes de notre Cinquième Division, debout silencieusement près de leurs fusils automatiques ou de leurs fusils, regardant avec des visages cendrés et des yeux fixés sur eux. cette étendue redoutée déchirée qui les séparait d'un ennemi rusé et mortel, et peu à peu mes sentiments ont changé du bonheur dû à la santé, à l'air de la montagne et aux charmes de la nature, à des sentiments de dépression et de tristesse, et de haine envers ceux qui préconisent et perpétuent dans leur vanité aveugle et leur cupidité pharisaïque, ces principes et politiques qui conduisent aux conflits, aux chagrins et à la guerre.

Ici, accentuée par les splendeurs de la nature, se trouvait l'horreur de la guerre et la terrible preuve de la dégradation de l'humanité – en dépit de sa soi-disant civilisation chrétienne.

Tombes, danger et mort. Mort au-dessus de la tête , mort sous les pieds, mort dans toutes les directions – souffrance, solitude, nostalgie, agonie, mort – *La mort !* Mais les avides réellement responsables n'étaient pas là. Et une sorte de respect m'a envahi et un sentiment de tendre pitié pour ces hommes courageux et altruistes, de simples garçons, pour la plupart, debout silencieusement, majestueusement, face à la mort dans ces tranchées de première ligne .

Le temps a passé vite, car comme tous les officiers de notre armée qui entraient dans les lignes, quelle que soit leur formation préalable, j'avais beaucoup à apprendre. Il y avait aussi beaucoup de choses à se demander et à réfléchir, car mon travail m'amenait à parcourir toutes les parties de notre secteur et nécessitait une étude minutieuse de l'ennemi. Par exemple, j'avais vite remarqué que les hommes des unités occupant les positions les plus dangereuses et subissant les plus grands désagréments et tensions semblaient les plus insouciants et les plus calmes. Il y avait une expression sur leurs visages, une atmosphère qui n'existait pas pendant la période d'entraînement derrière les lignes. Cela a ouvert de grands champs de réflexion, et je réfléchis encore.

Puis un jour, avant de comprendre qu'il était temps, j'ai vu des petits groupes de soldats vêtus de bleu, les soldats de France, debout à Dénipère , et sur les routes j'ai vu d'autres petits groupes ; le lendemain, il y en avait d'autres, et le lendemain matin, comme si cela s'était produit par magie, j'ai trouvé toute la position, lignes de front et tout, occupée et tenue par ces héros tranquilles, fatigués et robustes de la France. Les garçons de notre Cinquième Division étaient partis pendant la nuit. La nuit suivante, mon régiment s'est installé. L'infanterie française est partie quelques jours plus tard lorsque nous étions bien établis dans notre position. Peu de temps après, j'ai été placé à la tête de notre deuxième bataillon, tenant le secteur central appelé CR Fontinelle .

Le jour où j'ai pris le commandement, l'ennemi a mis fin à l'un de ses fameux raids. Pendant deux heures et demie, il a déployé un feu nourri et concentré sur le système de première ligne du deuxième bataillon , puis l'a transformé en un barrage presque parfait autour des deux compagnies de front et nous a fait passer à travers notre flanc gauche. Le raid a été mené par l'un de leurs fameux bataillons de choc spécialement entraînés et envoyés dans le secteur à cet effet. Grâce à l'excellent travail des deux sociétés écrans et de la société de support assistée d'une compagnie d'ingénieurs, ils furent bientôt chassés. Ils ont réussi à entraîner avec eux la plupart de leurs morts et blessés, mais ont laissé un matériel considérable, dont plusieurs mitrailleuses, qu'ils avaient apportés et installés dans nos tranchées.

Il faudrait toute la soirée pour raconter seul cette action, ou le Raid de Fontinelle . Il y a tellement de choses que je pourrais vous dire sur mon bataillon, des choses drôles aussi bien que sérieuses, sans parler de notre Division ou des soldats et du peuple français et ainsi de suite, que je ne sais presque pas quoi dire.

Mais je sais que nous n'avons pas beaucoup de temps donc je pense que nous allons faire un grand saut, en passant par des choses tout aussi intéressantes, les bombardements, les patrouilles, les raids, les expériences et les épreuves à Fontinelle , puis les dures marches, les insomnies, les nuits sans abri dans la pluie froide et la boue, les épreuves de l'Argonne et notre rôle dans les premiers jours de cette fameuse campagne américaine, notre mouvement fastidieux depuis ce front et notre prise de relais des Français dans la nuit du 6 au 7 octobre du CR Musson , une section importante du front du secteur de Marbache , sur la rive est de la Moselle juste au sud et un peu à l'ouest de Metz.

Je passerai sous silence les nombreux événements et expériences intéressants et éprouvants des trente et un jours consécutifs, des jours et des nuits intenses et éprouvants pour les nerfs, au cours desquels nous avons occupé ce poste, et je les reprendrai quelques jours avant l'armistice, ou juste avant l'armistice. préliminaire à l'entraînement dont on parle depuis longtemps pour Metz. Je n'aurai que le temps de vous en raconter brièvement une petite partie, mais peut-être aurez-vous une vague idée de la façon dont les garçons se sont battus, ont souffert et ont gagné.

Tout d'abord, quelques mots pour vous montrer la manière dont la quatre-vingt-douzième Division s'était emparée et tenait le secteur de Marbace . Le 6 octobre à trois heures du matin, après avoir marché toute la nuit, le deuxième bataillon du trois cent soixante-cinquième infanterie arriva à Aton, un village situé à environ trois milles en arrière des lignes de front. Toute cette journée je passai au front avec le commandant du bataillon français qui tenait alors le CR. L'après midi mes officiers et une partie des sous-officiers. sont venus et ont passé en revue les postes qui leur étaient assignés. Cette nuit-là, nous sommes entrés furtivement et les Français sont partis.

C'était un poste clé. À travers elle, variant de deux à cinq cents mètres de la rive du fleuve, passait ce qu'on appelait la Grande Route de Metz. Nous avons tenu un front d'environ un mile et demi. J'aurais aimé avoir une grande carte ou un tableau noir et le temps de vous le montrer. Je peux tout voir maintenant aussi clairement que si j'y étais. De l'autre côté de la Moselle, à notre gauche, se trouvait alors une division blanche. Environ deux semaines avant l'armistice, le CR voisin de nous et limitrophe du fleuve fut repris et occupé par un bataillon du trois cent soixante-septième infanterie de notre division. Le CR à notre droite a été repris dans la nuit qui a suivi notre arrivée par le Premier Bataillon de notre Régiment. Les premier et troisième bataillons maintenaient à tour de rôle que le CR. Le 366e d'infanterie gardait un bataillon en ligne sur leur droite. A côté se trouvaient les Français. Notre propre artillerie divisionnaire s'est positionnée derrière nous quelques jours seulement avant la fin. Au début, notre division comptait trois bataillons, et au cours des deux dernières semaines, quatre bataillons en première ligne. Nous avons tenu une section de première ligne plusieurs fois plus longtemps que n'importe quel autre bataillon de la Division, dans le secteur de Marbache . Trente et un jours consécutifs ont été une période longue et difficile pour un bataillon occupant une position importante et loin d'être tranquille au front ou en première ligne .

Finalement, dans la nuit du 6 au 7 novembre, nous fûmes enfin reculés d'environ cinq milles jusqu'à la deuxième ligne de défense. Les officiers et les hommes étaient presque complètement épuisés, beaucoup d'entre eux au bord de l'effondrement nerveux. Mais même maintenant, le bataillon ne devait pas se reposer. Le 7, conformément aux ordres du général commandant, nous avons lancé une opération au cours de laquelle la compagnie « H » et la moitié de la « E » sont passées par-dessus, et le 8, j'étais de nouveau en tête dans un délai très court. commandement d'une patrouille de contact de jour dans laquelle j'ai utilisé toute la compagnie « F », la moitié de la compagnie « G » et une partie de la compagnie régimentaire de mitrailleuses.

Ainsi, pendant ces deux jours en deuxième ligne, au lieu de se reposer, presque tout le bataillon avait remonté le front, par-dessus le sommet, et y était retourné. Il s'agissait de petites opérations, mais extrêmement éprouvantes, malgré notre fatigue, et également assez coûteuses. Je dis petit, je veux dire relativement petit quant au nombre d'officiers et d'hommes engagés, mais pour l'individu engagé, ils étaient nombreux, assez nombreux. Un certain nombre ont été tués et de nombreux blessés, dont deux capitaines, Mills, commandant la compagnie « F », et Cranson, commandant de la « G ».

Ce bataillon avait pris la majeure partie de l'enfer dans le secteur de Saint-Die, avait fait sa part dans l'Argonne, même si, en raison des hasards de la guerre, je suppose, on n'en fait que peu ou pas de mention, et dans le secteur de Marbache avait tenu le CR le plus important de façon continue jusqu'à la nuit du 6 au 7, et après les opérations du 7 et du 8 que je viens de citer, vous pouvez juger dans quel état était mon équipement au matin du 9 novembre.

Néanmoins, le matin du 9 novembre, j'ai appris que le général commandant venait d'arriver au quartier général du régiment à Loisey et souhaitait me voir immédiatement. Alors, fatigué comme un chien, souffrant de partout et mort de sommeil, je suis monté dans un side-car et je suis reparti. Comme je m'y attendais, il me remit un ordre, un ordre de brigade, qui avait été sanctionné par l'état-major de division, le GQG et le haut commandement allié, couvrant le rôle de notre brigade dans l'inauguration ou les préliminaires de la campagne de Metz. Cela a commencé à peu près comme ceci : « Le major Warner A. Ross, commandant le deuxième bataillon, trois cent soixante-cinquième infanterie, attaquera à cinq heures du matin le 10 novembre les positions ennemies – les nommant – à l'est de la Moselle, avancera jusqu'à la limite nord du Bois Fréhaut et jusqu'à tel ou tel point de la rive du fleuve et tiendra jusqu'à nouvel ordre », etc. Ce soir-là, je reçus un ordre similaire, quelque peu modifié par rapport au premier, mais quel tout cela signifiait que c'était à nous, le bataillon, de capturer et surtout de tenir cette position clé, juste en amont de Metz.

Pour nous, il s'agissait d'une attaque frontale contre la position générale de Metz. Je ne sais pas jusqu'où les Alliés avaient l'intention ou s'attendaient à se diriger tout droit vers Metz. La longue avance devait se faire au sud-est de nous avec l'idée d'isoler à terme Metz. A en juger par ce qui nous est arrivé ainsi qu'aux assaillants sur nos flancs au cours des 10 et 11, il eût été insensé, voire impossible, d'avancer plus loin le long de la Moselle. C'est pourquoi la prise et la détention de Bois Fréhaut furent particulièrement glorieuses.

Les généraux commandant notre division et notre brigade semblaient très soucieux du succès de cette opération. Jusqu'à présent, la Division n'avait rien accompli de très surprenant en ce qui concerne la capture des bastions allemands, mais ici, avant que l'armistice attendu n'entre en vigueur, c'était l'occasion de prouver la capacité et la valeur de la Division et de réfuter tous les chuchotements qui pourraient circuler dans l'ordre. air. En d'autres termes, pour citer l'un de mes supérieurs de haut rang , un succès complet et réel dans ce domaine donnerait à jamais à la division une longueur d'avance.

J'ai donc eu l'honneur de commander directement l'opération principale qui a lancé le mouvement allié longuement discuté visant à capturer Metz, considéré comme le bastion allemand le plus imprenable. Le mien aussi était l'occasion de donner à un bataillon de couleur une chance de prouver sa valeur au-delà de tout aventurier, de l'aider à réfuter la rumeur largement diffusée selon laquelle les troupes de couleur ne pouvaient pas avancer et tenir sous un feu nourri réel et prolongé, de l'aider à dissiper l'ennemi. Beaucoup avaient l'impression que les officiers de couleur – chefs de peloton et commandants de compagnie – ne pouvaient pas gérer avec succès les soldats de couleur. Bref, pour leur donner une chance de remporter une victoire qui se précisera au fil des années, une victoire qui requiert toutes les vertus que doivent posséder les soldats, individuellement et collectivement, une victoire nette, sans aide, complète et incontestable, là où d'autres avaient échoué et contre une place forte, faisant partie et gardant une position stratégique que l'ennemi entendait tenir à tout prix.

Le deuxième bataillon du trois cent soixante-cinquième infanterie fut choisi, malgré son travail long et continu sur les lignes de front, ses rangs très réduits et le manque d'officiers. Renforcé par d'autres unités, d'autres hommes et d'autres officiers du trois cent soixante-cinquième d'infanterie, le deuxième bataillon réussit enfin son épreuve suprême, son opportunité en or. Je vais essayer de vous raconter brièvement ce qu'il a fait, car « Bois Fréhaut », sous les canons de Metz, restera un mémorial de la discipline, de l'efficacité, de la bravoure et du dévouement au devoir d'un bataillon de couleur américain.

La 367e infanterie, comme mentionné précédemment, avait récemment pris le contrôle d'un secteur de bataillon ou CR juste de l'autre côté de la rivière. Eux aussi avaient l'ordre d'avancer. Un bataillon de la division blanche, sur leur gauche, devait également avancer. Sur notre droite, une petite partie d'un bataillon (pour être exact, deux pelotons, soit environ la moitié d'une compagnie) du 366e d'infanterie devait avancer à travers notre troisième bataillon, occupant alors ce CR.

Autant vous dire, ce que beaucoup savent, que même si c'était le début du grand mouvement allié pour réduire la place forte stratégique de Metz, division après division se massant derrière nous et à notre droite, le bataillon de la division blanche pour la gauche du trois cent soixante-septième s'élança à zéro heure le 10 au matin, perdit cent cinquante-six hommes en moins de cinq minutes et se replia dans ses tranchées. Le bataillon d'attaque du 367e mesure la situation et quitte à peine ses tranchées tant le feu est dévastateur.

Les troupes d'une partie d'un bataillon du Trois cent soixante-sixième sur notre droite se précipitèrent pour prendre un petit bois qui se trouvait à l'est des positions que nous devions prendre, arrivèrent presque à leurs objectifs et reculèrent grâce à la précision et à la précision. l'intensité des tirs ennemis. Mais cela n'avait pas beaucoup d'importance si ce n'était de laisser le flanc droit de mon bataillon entièrement ouvert, car le Bois de la tête d'Or et le Bois Fréhaut de notre position le débordaient de loin et le rendaient intenable pour les Allemands. Une carte des positions impliquées raconte l'histoire. Je vous dis cela non pas pour discréditer ou rabaisser les unités à notre droite et à notre gauche, mais pour prouver que ce que le deuxième bataillon du trois cent soixante-cinquième infanterie y a accompli était loin d'être facile et que lorsqu'il s'agissait de défendre Metz, l'ennemi était décidément au travail.

Bois Fréhaut est une forêt vallonnée et dense à environ cinq cents mètres à l'est de la Moselle, s'élevant sur un terrain bas, plat et marécageux. Ce terrain bas s'étend autour et vers l'est au sud du bois, entre celui-ci et la limite nord d'East Pont-a-Musson, sous la forme d'une large rigole se rétrécissant progressivement et s'élevant à partir d'un point au sud du centre du bois. Cette large rigole était un no man's land. Derrière Bois Fréhaut , au nord, le terrain ennemi continuait de s'élever, culminant par une très haute colline ou montagne surplombant le bois, le no man's land, Pont-à-Musson et tout le pays à des kilomètres à la ronde. Près de son sommet se trouvait un poste d'observation exceptionnellement beau, accessible par un long tunnel.

En parlant de l'action de Bois Fréhaut ou de la prise de Bois Fréhaut, on inclut les lieux appelés Ferme de Belle Aire, Bois de la Tête d'Or et Ferme de Pence. Ils font partie et rejoignent Bois Fréhaut . Cette position était un lieu séparé et distinct, entièrement entouré d'un terrain dégagé et idéalement situé pour l'ennemi à des fins de défense. Ma connaissance de ce qui était fait par les unités à notre droite et à notre gauche a été acquise au cours de l'action grâce à mes efforts pour rester en contact et établir la liaison avec ces unités sur nos flancs.

A trois reprises au cours des quatre mois précédents, les troupes alliées avaient tenté de s'emparer de ce Bois Fréhaut . Un jour, une troupe française, après une préparation d'artillerie considérable, s'en approcha par un mouvement tournant et y resta une dizaine de minutes. Plus tard, les troupes françaises sénégalaises ont pénétré son flanc est sur une courte distance et sont restées moins d'une heure. Au moment où les troupes américaines réduisaient le saillant de Saint-Mihiel, elles lancèrent une attaque frontale sur Bois Fréhaut et la Ferme de Belle Aire, un avant-poste en face et environ la moitié de la largeur du bois lui-même. Cette avance ou ce pincement était censé commencer à l'est de Bois Fréhaut et le prendre avec le grand saillant, mais il devait pivoter sur Bois Fréhaut au lieu de redresser la ligne depuis Momeny , car c'était près de Metz et l'un des centres périphériques forts qui le défendaient. , de sorte que les attaquants n'ont jamais réussi à traverser les systèmes de câbles extérieurs. En conséquence, la première ligne alliée sur la rive ouest du fleuve se trouvait plusieurs kilomètres en avance sur notre ligne sur la rive est avant que nous ne prenions Bois Fréhaut et ne la redressions. Je me souviens qu'en parcourant le fil de la Ferme de Belle Aire, j'ai compté vingt-six corps ou parties de corps américains dans une petite section. Ils y étaient allongés ou pendus depuis le 13 septembre environ.

Telle était donc la position que le deuxième bataillon du trois cent soixante-cinquième infanterie, à court de deux capitaines et de neuf lieutenants, ses rangs très éclaircis et toute l'équipe morte de fatigue, reçut l'ordre de capturer et de tenir. C'était le 9 au matin, les compagnies étaient largement séparées, nous étions à près de cinq milles derrière notre ligne de front et nous devions attaquer à cinq heures le lendemain matin.

Il n'y avait pas une minute à perdre. En début d'après-midi, nous étions à East Pont-a-Musson. Nous y passerions la nuit pour terminer nos préparatifs. Nos premières lignes, à l'endroit où j'avais décidé de les quitter, se trouvaient juste au nord de la limite de la ville. De là, sur plusieurs kilomètres, ils ont couru vers le nord-est, mais mes ordres prévoyaient une attaque *frontale* sur tout le front ennemi. Les pertes potentielles pour nous ne semblaient pas concerner celles de mes supérieurs et de leurs assistants qui avaient tracé les grandes lignes de cette affaire et de plusieurs affaires antérieures. Je n'ai pas le temps ici d'entrer dans les détails de cette affirmation, mais je vous assure que je ne dis rien d'imaginatif ou que je ne puisse pas étayer. Je parle peu ou pas d'un bataillon ou d'une organisation autre que le mien. Ce que j'en dis et les choses qui s'y rapportent ne sont pas censés s'appliquer à autre chose. Ils sont le résultat de connaissances et d'expériences personnelles.

Le général commandant m'avait souhaité bonne chance et était parti. Le lieutenant colonel avait pratiquement mis le régiment à ma disposition et se rendit à Loisey . Tout dépendait désormais de nous. Il y avait mille choses à penser et à faire et très peu de temps pour les faire. J'ai réuni les officiers et leur ai donné des instructions sur le matériel de toutes sortes : munitions, masques à gaz, pâte à affaissement, rations, choses qu'il fallait renvoyer, etc.

J'ai fait appeler certaines unités de la compagnie du quartier général et j'ai annexé une partie des officiers et hommes du premier bataillon. D'ailleurs, son major avait été tué par les Allemands quelques jours auparavant. J'ai également fait venir la compagnie régimentaire de mitrailleuses, car j'avais le pressentiment que la compagnie du bataillon de mitrailleuses de la brigade désignée pour me rendre compte dans les ordres n'arriverait pas à temps. Alors j'ai joué prudemment. Ensuite, j'ai passé environ deux heures à inspecter et à observer les préparatifs avancer. A six heures du soir, je m'assis pour étudier en détail et systématiser notre plan d'attaque. Tout doit être pensé et organisé à l'avance. Toutes les éventualités doivent, si possible, être prévues et parées. L'ennemi contre lequel nous affrontions était très organisé et connaissait sa position. Il était expérimenté, efficace et astucieux dans l'art de la guerre.

Immédiatement à huit heures trente, comme ordonné, les officiers se sont rassemblés dans la maison que nous utilisions comme quartier général temporaire du bataillon. La compagnie du bataillon de mitrailleuses n'était pas arrivée et pour ce que nous allions entreprendre, les mitrailleuses étaient importantes. J'ai donc convoqué le capitaine Allen et ses lieutenants de notre compagnie régimentaire de mitrailleuses à la conférence. Si l'autre compagnie était arrivée, le capitaine Allen de la compagnie que j'avais fait venir de ma propre initiative ne serait probablement pas enterré en France. Ainsi fonctionne le destin, comme certains l'appellent. C'est une triste chose de devoir envoyer des officiers et des hommes dans des missions à mort presque certaine, surtout quand ils sont si disposés, voire impatients de partir, et quand on les connaît aussi bien que j'ai connu la mienne, mais telle est la guerre.

Nous avons travaillé pendant des heures dans une pièce faiblement éclairée par des bougies. Étudié les graphiques et les plans, planifié en détail chaque mouvement de chaque détachement et peloton. Les commandants de compagnie et de peloton établissaient leurs parcours, dessinaient des cartes et les étudiaient attentivement, car ils devraient voyager de manière indépendante et à l'aide d'une boussole après être entrés dans les barbelés ennemis. Nous avons soigneusement répété nos plans de liaison. Bref, chaque détail a été examiné ; toutes les situations d'urgence imaginables étaient discutées, de sorte que chaque capitaine et chaque chef de peloton (certains étaient des sous-officiers) connaissaient son rôle et sa relation avec l'ensemble. Chacun expliquait à haute voix ce qu'il devait faire, quand et comment, et comment tels ou tels événements allaient affecter ses actions. Car il faut savoir que seul un travail d'équipe quasi-irréprochable nous permettra d'accomplir notre mission.

Capturer et maintenir cette position clé, forte et apparemment imprenable, sous les gros canons de la forteresse de renommée mondiale de Metz, sans parler de ses autres moyens de défense, avec seulement un bataillon et seulement cinq minutes de préparation d'artillerie, ne signifiait pas sortez en poussant un cri et balayez tout devant nous. Cela exigeait une connaissance approfondie et pratique acquise par l'expérience de toutes les phases compliquées de la guerre de tranchées et de la guerre ouverte. Il fallait des officiers et des sous-officiers dotés d'un courage de fer et d'un jugement froid sous le feu, ainsi que des troupes courageuses, dotées d'une discipline exceptionnelle et d'un entraînement des plus raffinés. J'en doutais que ceux qui étaient plus haut placés s'attendaient à ce que nous réussissions ou auraient pu s'attendre à ce que n'importe quel bataillon réussisse. J'avais donc décidé que nous réussirions.

A une heure trente-cinq du matin, j'ai reçu un message téléphonique de l'adjudant de brigade m'informant que l'heure zéro serait sept heures au lieu de cinq. À trois heures du matin, j'ai dit : « Je vais vous conduire jusqu'à cet endroit. Je serai avec toi et je vais *rester*. Je ne reviendrai jamais sauf sur ordre d'une autorité compétente, à moins d'être ramené inconscient ou mort. Cette séance est levée. » Pendant une bonne minute, ils restèrent parfaitement immobiles – pas un ne bougea. Puis, un à un, ils se sont levés, m'ont serré la main et sont sortis dans le froid et l'obscurité, dans le vaste et menaçant extérieur. Et je savais alors, à l'expression du visage de chaque leader, que nous serions anéantis ou gagnerions.

Ils réveillèrent leurs hommes, car on leur avait ordonné de se reposer le plus possible, et là, dans le froid et la nuit noire, ils leur expliquèrent exactement ce qu'il fallait faire ; J'ai expliqué le rôle de chaque homme, car chaque homme a un rôle dans un travail comme celui-là. Certaines choses étaient arrivées dans la nuit. Ceux-ci furent distribués, les dernières inspections furent effectuées et à cinq heures tout était prêt pour le départ. Les quatre compagnies d'infanterie, « H », « G », « E » et « F », la Compagnie régimentaire de mitrailleuses, les pelotons de mortiers One-Pounder et Stokes, le peloton de pionniers et les tenues de transmissions de la compagnie du quartier général, la spécialité des détachements de l'état-major de division, des médecins et des brancardiers, tous étaient là, alignés en front de bataillon, à intervalles rapprochés, le long de la grande route de Metz .

Pendant un instant, je m'arrêtai, sentant, pour ainsi dire, mon bataillon, car je ne pouvais voir que les formes sombres de quelques-uns qui étaient les plus proches. Je me demandais si ceux qui étaient à la maison savaient ou pouvaient se rendre compte de ce que ces hommes faisaient et souffraient pour eux. Tout au long de cette horrible nuit, je n'avais entendu aucun mot de plainte. Pas un seul grognement n'était parvenu à mes oreilles, et je souriais en me rappelant les nombreuses fois précédentes, même en Argonne ou à Saint-Dié (cela semblait il y a bien longtemps à l'époque), comment, lorsque je m'étais approché à portée de voix de groupes d'hommes à l'air inconsolables. hommes, frissonnant toute la nuit, peut-être dans la boue profonde et la pluie froide, à cause d'erreurs commises plus haut ou pour des causes inévitables, un vieil homme du groupe s'était mis à chanter ou à dire une bêtise destinée à être drôle et comment tous les autres avaient *j'ai ri* - pour mon bénéfice. Et c'étaient ces hommes que j'étais sur le point de conduire là-bas, là où cela ressemblait à un anéantissement certain. C'étaient les restes de ce bataillon, et moi..., mais l'heure était venue.

Je partais à droite de la ligne, qui serait l'arrière lorsqu'ils passeraient en colonne, suivi de mon adjudant, le lieutenant Pritchard. C'était juste avant l'aube, l'heure la plus effrayante et la plus frissonnante de toutes — quelques degrés au-dessus de zéro, mais la brume froide et laineuse qui nous enveloppait semblait pénétrer jusqu'à nos os. Juste assez de lumière filtrait pour que je puisse reconnaître chaque officier et chaque homme alors que je marchais lentement près de la ligne. Pas un mot n'était prononcé — pas un son, à l'exception du *cri* incessant d'un obus occasionnel avec sa vilaine explosion, ou du cliquetis et de l'écho *tat, tat, tat-a-tat !* d'une mitrailleuse ou d'un fusil automatique au loin.

Tout au long de la large façade, je me déplaçais, tristement, regardant le visage de chaque homme, chacun si occupé par ses pensées. Comme ils étaient pincés, comme ils étaient fatigués, comme ils avaient l'air usés. De nombreuses joues étaient mouillées de larmes. Chaque homme faisait un effort pour sourire. De nombreux menton et lèvres tremblaient. Le froid et l'obscurité mêmes semblaient chargés et puissants de *mort* . Mais toutes les têtes étaient hautes. Chaque forme était rigidement dressée. "Ce ne sont que de grands enfants", pensai-je, "si fiers de leur sacrifice, si courageux, si vrais dans cette horrible heure préliminaire - de grands garçons innocents et confiants qui souffrent pour les péchés et pour le bien des autres, et le mien le triste, oh, *indiciblement triste* , devoir de les conduire à la mort, ou à des horreurs et à des souffrances encore pires. Si je n'avais pas été *avec* eux, je n'aurais pas pu les affronter à ce moment-là. J'ai atteint le bout de la ligne. Mon staff et mes coureurs se sont mis derrière moi. Le capitaine de la compagnie de tête donna un signal, répété sur toute la ligne. Ils ont balancé — « *Les escouades sont parties !* » Et la marche de la mort avait commencé.

Aucun groupe ne jouait, pas de couleurs au vent, pas de proches ni d'amis qui admiraient ou applaudissaient - juste pendant cette horrible nuit - et je pouvais sentir le battement de cœur de ces douze cent cinquante hommes courageux derrière moi aussi clairement que j'entendais le battement de cœur de ces douze cent cinquante hommes courageux derrière moi. le bruit sourd de leurs chaussures clouées. Car j'ai adoré ce bataillon. C'était la fierté de ma vie. Et il n'y avait pas un seul parmi mes centaines de grands héros noirs qui n'aurait pas vécu *l'enfer* pour son major. Et personne ne le savait mieux que moi.

Continuez, continuez, boum, boum, boum, remontant la route familière, sous les grands arbres nus, passant devant les maisons désertes, marquées d'obus, et les ruines humides ressemblant à des tombeaux qui avaient été autrefois des maisons heureuses. Nous étions alors à la périphérie de la ville. A gauche se trouvaient l'arc, le grand portail en fer et la maison en ruine sous laquelle se trouvaient les abris de l'infirmerie du bataillon. Bientôt, nous dépassâmes le cimetière du bataillon sur notre droite, avec ses rangées de monticules et ses croix de bois à peine discernables.

Et curieusement, à un moment comme celui-ci, je pensais à une nuit très sombre, bien plus sombre que celle-ci, avec des fusées éclairantes, des obus étoilés et des fusées colorées éclairant un no man's land, non loin, et le flash et le rugissement des gros canons et des obus hurlants, lorsque nous avons enterré notre premier homme là-bas, ont tué la nuit où nous sommes entrés pour la première fois dans le secteur. Et je me suis souvenu à quel point il semblait impuissant et petit alors qu'ils le déposaient doucement dans sa tombe peu profonde, puis lorsque nous nous sommes penchés pour dissimuler le bref éclat d'une lampe de poche, à quel point il avait *l'air fier* , avec un grand trou dans sa poitrine déchiré par un morceau d'acier déchiqueté volant, et seulement une couverture pour un cercueil, et l'expression de paix sur le jeune visage noir, car il était resté coincé et était mort à son poste. Et puis, une fois la petite tombe boueuse remplie, comme il semblait pitoyable et solitaire, alors que nous le laissions dans l'obscurité dans ce sol étranger trempé de sang , si loin de ses proches et de sa maison.

Comme des milliers de personnes dans cette guerre infernale, il avait consenti le sacrifice suprême et avait sans relâche donné sa vie pour sauver les autres. C'était un vrai soldat américain. J'espère qu'ils gardent encore des fleurs sur sa tombe.

Je pouvais voir le monticule au bout alors que nous passions, car déjà une faible luminosité froide perçait la brume. Nous avons continué notre marche, le long de la route, à travers le labyrinthe de tranchées ressemblant à des tombes, jusqu'à ce que nous atteignions enfin le large labyrinthe de nos barbelés les plus avancés. De nouveaux chemins ou ouvertures venaient d'être creusés et les hommes du bataillon de reconnaissance attendaient pour nous guider.

Il était toujours impossible de voir à plus de vingt-cinq ou trente mètres à travers le brouillard, alors, avec une boussole à la main, j'ai conduit la colonne à travers un no man's land comme un capitaine piloterait un navire, parmi des trous d'obus, à travers de petits ravins, des touffes de brouillard. des broussailles et des parcelles de mauvaises herbes mortes, et alors que nous nous approchions et entrions dans les barbelés ennemis, nous passâmes devant des objets horribles et puants qui nous rappelaient très vivement les tentatives faites par nos prédécesseurs pour faire ce que nous devions faire. Je pensais aussi, quand je voyais la tête tomber de l'un d'eux alors qu'un homme secouait le fil sur lequel elle pendait, que ma propre carcasse ou les carcasses d'un roi ou même d'une reine, ou de quelque riche notable, n'auraient pas meilleure allure si elles Cela faisait environ deux mois qu'il mentait ou traînait dans les intempéries avec ces horribles objets qui étaient autrefois de bons jeunes soldats américains. (Pendant le temps que nous occupions, les patrouilles du secteur avaient amené et nous avions enterré un certain nombre de ces corps.)

Il y avait près d'un mile de no man's land à l'endroit où nous l'avions traversé, car nous avancions sur le terrain le plus bas parce que la brume y était plus dense. Mais enfin nous étions arrivés aux hectares de barbelés devant l'avant-poste ennemi appelé Belle Aire Farm, en français « Ferme de Belle Aire ». C'était plusieurs centaines de mètres en avant de Bois Fréhaut , la position principale, qui occupait un terrain plus élevé et plus élevé. Une partie du bataillon, dirigée par le capitaine Green de la compagnie « H », qui devait diriger sur la droite, se déplaça vers l'est pour prendre place, prête à l'attaque. Le reste a traversé les barbelés de Belle Aire, un détachement coupant sur le flanc jusqu'aux mitrailleurs à *baïonnette* , car nous travaillions tranquillement à ce stade, et nous travaillions vite, profitant de la brume qui s'éclaircissait maintenant rapidement. Tout cela avait été planifié par nous pour déjouer l'ennemi et, dans la mesure du possible, éviter les pertes, car les morts et les blessés ne peuvent pas prendre et maintenir de telles positions.

C'est à ce moment-là que j'ai vu deux de mes hommes renversés par des tirs de mitrailleuses, les premiers à tomber dans cette affaire, et tandis que nous nous tenions au sol en attendant que notre détachement de flanc récompense ces mitrailleurs, j'aurais pu dicter tout un discours. histoire, s'il y avait eu quelqu'un pour la démonter, au sujet du militarisme et de la guerre en général. Je me demandais combien de guerres il y aurait et combien de temps elles dureraient si les gens qui en profitent ou espèrent en profiter devaient être là-haut avec nous. J'étais de mauvaise humeur, comme d'habitude, lorsque je pensais à presque toutes les phases de la guerre, à l'exception des hommes glorieux qui ont personnellement fait face au danger *réel* et qui ont mené les combats. Je doute que cette histoire, telle que je l'aurais dictée à l'époque, serait très populaire auprès des gens qui n'ont pas honnêtement et réellement souffert pendant ou à cause de la guerre, ou auprès de ceux qui pensent croire au militarisme et à la guerre.

Nous ne tardâmes pas longtemps. Puis, avec Belle Aire Farm derrière nous, nous nous sommes rapidement déployés et avons pris notre formation en colonnes de peloton et de demi-peloton face à et à une centaine de mètres des barbelés de la position principale. Le commandement tout entier s'est abrité dans des trous d'obus, dans des dépressions, derrière des monticules ou des bouquets d'herbes mortes, prêts à surgir en force au moment opportun. J'ai eu le temps de m'assurer que tout était prêt comme prévu et de retourner au centre. La brume s'était dissipée et les mitrailleurs ennemis à la lisière du bois, en particulier ceux qui avaient leurs nids dans les arbres, tiraient imprudemment.

Rapidement, à six heures cinquante-cinq (toutes les montres avaient été synchronisées), nos gros canons, à des kilomètres derrière nous, se mirent presque simultanément à aboyer et à boum. Puis vinrent les obus, un faible rugissement gémissant d'abord, le son augmentant en hauteur, un peu comme le sifflet d'une sirène à vapeur actionnée lentement, puis augmentant en volume et en stridence jusqu'à ce qu'il ressemble à une puissante tornade venant droit sur nous. Le bruit était si grand et si soudain qu'il en était presque insupportable. Puis ils ont commencé à exploser tout le temps, la plupart juste devant nous. Les mots sont tout à fait insuffisants pour décrire cet horrible cataclysme tel qu'il nous a été ressenti et tel qu'il nous a semblé.

Nous avions pensé que l'ennemi lancerait son barrage en premier devant la ferme de Belle Aire. C'est pourquoi nous avions franchi cette position si précipitamment et il était heureux que nous ayons avancé aussi loin, même au risque d'être trop près de notre propre barrage, car presque immédiatement la terre et les rochers ont commencé à voler derrière nous, pas en temps voulu. devant le fil de Belle Aire, mais juste sur la position elle-même. Quelqu'un avait téléphoné. Nous étions trop proches de notre propre barrage, mais je savais qu'il avancerait dans quelques minutes, et le barrage ennemi était bien trop proche derrière nous. Parlez d'être entre deux feux. Un rideau de tirs de notre propre artillerie juste devant nous et un mur de tirs les plus intenses et les plus concentrés des batteries gardant Metz tombant immédiatement sur nos arrières, les obus se croisant non loin au-dessus de nos têtes. Quelques-uns de chaque côté n'ont pas réussi.

Être tué ou perdre connaissance est facile, mais devoir vivre une situation comme celle-là au grand jour est au-delà de toute description. Nos chances de survie et de succès étaient en jeu, le suspense était exaspérant. Le barrage ennemi allait bientôt être abaissé devant le fil principal, là où nous nous trouvions. Il pourrait être abaissé d'une seconde à l'autre. J'ai décidé que s'il l'abaissait , nous nous précipiterions sur notre propre barrage plutôt que de rester là où nous étions, car le plus grand nombre possible d'entre nous devaient passer à travers ce grillage.

Je regardais ma montre, prêt à donner le signal qui serait relayé le long de notre ligne. Il était six heures cinquante-huit, puis finalement six heures cinquante-huit et demi ; il fut enfin six heures cinquante-neuf. Si le barrage ennemi diminuait à ce moment-là, nos pertes seraient énormes et nos chances de succès seraient presque nulles. C'était déjà assez grave comme ça. Ce fut la minute la plus longue que j'ai jamais passée.

À sept heures exactement, comme prévu, notre barrage a sauté et en quelques secondes pratiquement tous nos obus sont tombés au-delà des barbelés. C'était le moment pour nous de passer au travers et rapidement, voire jamais. Tout au long du front, nos garçons se sont lancés dans ces enchevêtrements. Parlez d'enchevêtrements de fils. Ils avaient été récemment réparés et renforcés. La majeure partie du fil était du nouveau type allemand lourd, avec des barbes d'un pouce et demi de long et espacées de moins d'un pouce. Il fallait de lourds couteaux à deux mains avec des poignées de deux pieds et demi de long pour le couper. Les petits couteaux étaient inutiles pour couper ici. Les larges ceintures étaient non seulement croisées dans toutes les directions sur des piquets et des chevaux -de- frize , mais encore tissées de toutes les manières imaginables jusqu'à la tête d'un homme parmi les arbres.

Il y avait des fosses et des tranchées avec du fil de fer jeté en vrac et en rouleaux recouverts de branches légères et de feuilles dans lesquelles les hommes pouvaient tomber. Nous n'avions pas de chars. Ils ont déclenché des mines, dont beaucoup ont creusé des trous de soixante à soixante-dix pieds de diamètre. Les grenades et les bombes étaient suspendues aux membres et aux broussailles de telle manière que marcher ou toucher un certain bâton ou fil de fer les ferait exploser. Des mitrailleuses étaient placées à différentes distances dans le bois, certaines sur de petites plates-formes camouflées dans les arbres, d'autres dans des tranchées et d'autres encore dans des « boîtes à pilules » en ciment situées de manière à balayer et enfiler chaque section du fil.

Les officiers supérieurs de l'arrière ainsi que les officiers subalternes qui affluaient pour visiter les lieux après l'armistice étaient étonnés de la force de la position, et lorsqu'ils la voyaient de près, la question prédominante était : « Comment ont-ils jamais réussi à obtenir à travers?" Et ils ne le voyaient que de l'extérieur, car personne n'était admis dans le bois. Il a été saturé de gaz pendant des jours.

L'ensemble du Bois Fréhaut , qui signifie Bois de Fréhaut , était câblé tous les quelques centaines de mètres devant des systèmes de tranchées et des mitrailleuses en enfilade. Il y avait de profonds ravins rocheux, des collines escarpées, de grandes étendues de broussailles épaisses remplies de fils, des pièges, des mines et des pièges de toutes sortes, ainsi que de magnifiques abris-réservoirs et un système des plus complets de lignes téléphoniques et de transmission.

Les pelotons et demi-pelotons passaient en file indienne, les hommes forts devant se relayant pour couper le fil et ceux derrière se repliant ou sécurisant au mieux les bouts libres avec les petits couteaux. Il y avait de cent cinquante à deux cents mètres d'intervalle entre les détachements. Il leur était impossible de se voir après être entrés dans le bois, de sorte que jusqu'à ce que leurs objectifs soient atteints, chaque unité était pratiquement un commandement indépendant.

Presque tout le monde avait pénétré dans les premiers enchevêtrements ou les plus extérieurs lorsque l'ennemi a lancé son barrage directement sur nous. Les premiers hommes à passer s'en prenaient aux mitrailleuses et aux tireurs d'élite qui les gênaient le plus, rampaient derrière eux ou les flanquaient, utilisant des grenades à main et des baïonnettes, tirant avec des fusils automatiques et tirant des coups de feu sur ceux qui se trouvaient dans les arbres. Grâce au premier système de câbles, nous pouvions nous disperser quelque peu et profiter des trous d'obus, des tranchées et même des creux.

Mais comment quelqu'un a-t-il vécu sous ce feu reste pour moi un mystère. L'artillerie ennemie avait appris par téléphone ou par avion, probablement les deux, que nous étions dans le bois et avait décidé de nous arrêter sur place. Des pierres, de la terre, des éclats d'obus, des branches et des arbres entiers remplissaient l'air. Le bruit et la commotion cérébrale suffisaient à eux seuls à en tuer un. Parlez de choc d'obus. La terre a oscillé, tremblé et rebondi sous l'impact terrible. Des éclairs de feu, le craquement métallique des explosifs puissants, les terribles explosions qui ont creusé des trous de quinze à vingt pieds de diamètre, le chaos total et la puanteur de l'enfer, vos amis réduits en morceaux, les morceaux tombant près de vous, vous frappant même. Si quelque chose peut être plus terrifiant, plus angoissant dans ce monde qu'un feu concentré provenant de charges lourdes comme celle-là, je suis incapable de le concevoir. C'est bien pire que la pire chose qu'on puisse imaginer. Cela ne peut pas être décrit parce qu'il n'y a rien que vous ayez vécu, sauf la chose elle-même, avec laquelle la comparer.

De nombreux canons défendaient Metz et c'était une concentration de tirs de gros calibre : nous étions les seuls à avancer à ce moment-là. Après ce qui lui parut toute une vie, il l'abaissa encore plus au point où notre barrage tombait devant nous, puis il revint lentement sur nous jusqu'au fil de Belle Aire. Plusieurs fois, il est passé au-dessus de nous, plutôt sur nous, dans ce processus de ratissage, avant que nous atteignions notre objectif. D'autres batteries bombardaient nos arrières et d'autres encore nous bombardaient en désordre.

Mais les garçons ont continué, profitant parfois de toute couverture disponible, mais reprenant, faisant taire les mitrailleuses encore actives, bombardant les pirogues et tirant à la baïonnette ou tirant sur tous les ennemis qui s'étaient attardés trop longtemps. Ce n'est qu'au prix d'un effort particulier que j'ai réussi à récupérer trois Huns vivants.

À neuf heures trente-cinq, tous les pelotons affectés à la première ligne, sauf deux, étaient représentés sur la ligne de nos objectifs. Comme convenu, ce mot m'est parvenu par l'intermédiaire de coureurs. Les deux groupes avaient été retardés par des nids de mitrailleuses, mais ils revinrent bientôt. Vers dix heures, la liaison était pleinement établie, les groupes de combat étaient localisés et creusaient, des mitrailleuses et des mortiers de tranchée étaient placés et, d'une autre manière, nous nous préparions à résister aux contre attaques ainsi qu'aux tirs d'artillerie qui, si nous avons tenu, inclurait bientôt plus de gaz. J'avais envoyé deux pelotons de la compagnie de soutien pour aider à protéger notre flanc droit, qui était la lisière est du bois.

donc écrit un message, je l'ai mis dans la petite coquille en aluminium sur la patte d'un pigeon. L'homme l'a relâché et nous l'avons regardé se lever et faire un cercle, puis se diriger vers le sud en annonçant au général commandant à quinze milles en arrière au quartier général de la division à Marbache que Bois Fréhaut était à nous – tous les objectifs atteints, tenaient et continueraient de tenir.

Ensuite, j'ai emmené mon état-major, mes officiers de liaison d'artillerie et mes coureurs et je suis retourné à une localité prédéterminée à l'orée du bois et j'ai établi mon quartier général permanent ou PC dans un trou d'obus ouvert. Quelques hommes se mirent au travail avec des pelles et des pioches pour le façonner et lui donner un peu d'espace au sol.

Un avion Bosch est apparu au-dessus de la lisière du bois, volant à basse altitude et nous a vu. Il a fait plusieurs cercles et a laissé tomber quelques signaux. En seulement quatre minutes, sous ma montre, nous avons entendu deux gros obus, l'un juste derrière l'autre, venir droit sur nous. Après quelques mois d'expérience, vous savez, grâce au son, où un obus va tomber. L'un d'eux frappa à vingt-cinq mètres de nous, l'autre à peu près à la même distance sur notre gauche. En moins d'une minute, nous en entendîmes deux autres arriver par le même chemin. L'un frappa à vingt mètres de côté, l'autre un peu moins court, mais un peu à droite. Ils avaient la gamme. Les canons étaient à cinq ou six milles.

Après que le sixième coup eut manqué de peu, j'ai ordonné à tout le monde de sortir du trou. Ils en occupaient d'autres à une courte distance. L'avion, si bas que les hommes tiraient dessus avec leurs fusils, remarqua cette dispersion, mais il remarqua évidemment aussi que j'étais resté, donc les tirs continuèrent. J'éprouvais une sorte de fierté de rester dans mon quartier général. Le trente-sixième obus tiré sur lui a frappé juste à côté du bord et m'a couvert. Oh oui, j'ai reçu une aide énergique pour sortir. Nous avons nettoyé le trou et repris nos activités. Maintenant que l'avion avait signalé « une touche » et était parti, l'endroit était aussi sûr que n'importe quel autre endroit de cette localité.

Les gens disaient qu'il semblait miraculeux qu'avec tant de gros obus tirés sur lui et frappant de tous les côtés dans une si petite zone, chacun n'ait pas réussi à toucher directement ce grand trou. Mais je n'étais pas assez vaniteux pour penser que les Huns tiraient des obus qui se courbaient par magie pour mon bénéfice particulier. J'avais estimé lors de la « Marche de la mort » juste avant l'aube que j'avais une chance sur trois de sortir vivant de cette opération et une sur douze d'échapper à des blessures graves ou à des gaz. J'ai bien cru en Dieu, mais je ne pensais pas alors et je ne crois pas maintenant qu'Il était là-bas, prenant une part active à cette horrible orgie de souffrance et de destruction. Je sentais que si quelque chose d'autre que la vaine humanité combattait dans ou avec l'un ou l'autre camp, ce devait être Sa Majesté satanique. Je n'essayais pas de rejeter sur Dieu les choses qui appartiennent à César. Cependant… eh bien, cela appelle une autre conférence. Mais aucun d'entre vous ne comprend que j'essaie de minimiser la vraie religion. Je pense que c'est de loin la meilleure chose au monde ou accessible au monde aujourd'hui.

Cette petite digression sur autre chose que la bataille, je suppose, est le résultat d'une habitude que j'ai prise en première ligne de penser quand les choses étaient inhabituellement dangereuses et qu'il n'y avait rien d'autre à faire que de laisser les choses fonctionner pour le moment, à quelque chose d'agréable. et totalement étranger aux mauvaises affaires en cours.

Je me souviens comment le lieutenant Stuart, mon officier éclaireur de bataillon (il était à moitié indien), alors que nous avions fini de discuter des détails d'une expédition de patrouille qu'il allait diriger dans quelques minutes - et il fallait beaucoup de courage pour rôder autour de personne atterrissait en pleine nuit – faisait une pause, puis, avec un large sourire et un petit rire, me racontait une histoire insignifiante, généralement à propos de quelque chose qui s'était produit alors qu'il était un petit enfant en Arizona. Puis, toujours souriant et riant, il se levait et disait : « Eh bien, Major, il est temps de se retirer. Les garçons attendent. On se verra dès mon retour. Je n'ai jamais été sûr qu'il reviendrait.

Mon adjudant aussi, lorsque nous attendions qu'une chose terrible se produise pendant la nuit, nous attendant à un assaut, à des obus tombant en désordre et peut-être à un avion bombardier bourdonnant au-dessus de nous, avait l'habitude de raconter certaines des histoires les plus étranges de ses expériences pendant qu'un régulier à Hawaï ou aux Philippines ou ailleurs. Je suppose que tous les hommes exposés à un danger réel avaient une certaine façon de se « leurrer » dans presque toutes les conditions. S'ils ne l'avaient pas , ils étaient dans une mauvaise passe.

Peu de temps après que j'ai été ressuscité du trou d'obus, un coureur de la compagnie de front droite (d'ailleurs, il a été aperçu dans les ordres de la division et aurait dû avoir une médaille pour la façon dont il m'a atteint) est arrivé épuisé, avec une note de Green. (qui, sous le feu des mitrailleuses, avait grimpé dans un arbre pour mieux voir) m'informant que l'ennemi se préparait en force à se précipiter sur notre flanc droit. Deux pelotons, l'un de l'appui, l'autre de la compagnie de réserve, et mes deux mitrailleuses de réserve restantes eurent à peine le temps d'atteindre l'endroit où on leur avait ordonné lorsque l'assaut commença. En contournant nos flancs potentiels alors qu'ils franchissaient une crête, ils ont sauvé la situation. Plusieurs attaques contre notre front ont échoué en raison de tirs bien dirigés .

Et pourtant, les bombardements se poursuivaient sans interruption. Il me semblait que presque tous les gros canons de ce côté de Metz tiraient sur Bois Fréhaut et le vieux no man's land juste derrière. Et j'ai appris par la suite qu'ils l'étaient, car nous étions les seuls à avoir pris et à détenir un territoire spécial. Ils s'attendaient depuis longtemps à une poussée sur Metz et leur artillerie surtout était bien préparée. Des éclats d'obus et des obus de contact explosifs de toutes tailles sont tombés sur toutes les parties de la zone. Ils en savaient plus que nous sur l'armistice et son artillerie semblait vouloir faire tous les dégâts possibles pendant que la guerre durait. Juste avant la tombée de la nuit, le 10, il commença à jeter de grandes quantités de gaz et continua à le mélanger toute la nuit. Ils semblaient déterminés à nous chasser ou à nous exterminer.

Pendant vingt-huit longues heures, nous avons avancé et *résisté* à un bombardement qui, à mon avis, n'avait pas été surpassé s'il avait été égalé sur une zone similaire tenue par les troupes américaines pendant une durée similaire. L'ennemi avait permis aux Alliés quelque temps auparavant de s'approcher aussi près de Metz qu'il avait l'intention de le faire : c'était le barbelé extérieur de Bois Fréhaut . Nous n'attaquions pas en force après des heures de préparation d'artillerie avec presque d'innombrables gros canons qui nous soutenaient, même si l'artillerie en action derrière nous faisait un excellent travail. L'ennemi ne menait pas non plus une action d'arrière-garde tandis que ses forces principales battaient en retraite précipitamment.

Le 10, à dix heures du soir, je reçus une copie d'ordres indiquant qu'un bataillon devait entrer dans la partie ouest du bois pendant la nuit et avancer sur l'ennemi à travers ma compagnie de front gauche, « G », à cinq heures du matin. 'horloge le lendemain matin. Je souris avec mon masque à gaz, car j'avais observé les efforts d'un certain bataillon appuyé par un autre bataillon, pour remonter dans les bois dans l'après-midi. Ils arrivèrent jusqu'à la Ferme de Belle Aire – qui en faisait partie – et se retirèrent à la nuit tombée. Très tôt le matin du 11, le bataillon « attaquant » pénètre dans les barbelés extérieurs de Bois Fréhaut . À cinq heures du matin, deux officiers et une poignée d'hommes s'étaient frayé un chemin jusqu'au quartier général d'un certain peloton de la compagnie « G ». Notre barrage a commencé sur-le-champ. Les deux officiers, suivis d'une poignée d'hommes, s'avancèrent au-delà de notre ligne de front et regardèrent autour d'eux. L'un des officiers fut aussitôt blessé et… eh bien, il n'y eut pas d'attaque.

Pendant ces vingt-huit heures, les équipes de transmissions du quartier général de la division ont essayé d'établir une ligne téléphonique jusqu'à mon ordinateur. Mais soit le fil était coupé en deux, soit les hommes l'étaient et je n'avais de téléphone qu'après l'armistice. Il était presque impossible pour les coureurs de s'interposer entre moi et nos anciennes lignes de front derrière nous, et encore plus difficile pour mes coureurs de se mettre entre moi et mes propres chefs de compagnie et de peloton dans les bois. Mais ils l'ont fait.

Cela a duré toute la journée, toute la nuit et jusqu'à onze heures du matin suivant. À minuit, tout le bois empestait le gaz. Personne n'osait manger ou boire à cause de cela. Malgré toutes nos précautions et tous nos efforts, nous étions rapidement anéantis. J'ai entendu parler d'officiers, d'hommes et d'unités, grandes et petites, blanches et colorées, devenues paniquées et inutiles sous un feu faible et léger en intensité et en durée comparé à celui-ci, mais je suis prêt à à tout moment pour témoigner que douze cent cinquante officiers et hommes (de couleur) *ont* avancé et que le commandement a tenu *sans montrer le moindre symptôme de panique ou de retraite* .

Vous tous qui étiez dans le 365e régiment d'infanterie avant le 23 septembre 1918, connaissez le colonel Vernon A. Caldwell de West Point et de l'armée régulière. Il a organisé et commandé le régiment jusqu'à ce qu'il soit nommé général de brigade et nous quitte à la date indiquée. C'est à lui que je attribue une grande partie du mérite de notre succès dans la prise et la détention de Bois Fréhaut . Il nous avait enseigné « des moyens et des méthodes simples et directs » et nous avait appris à « penser tactiquement » d'une manière qui s'est avérée d'une valeur inestimable sous l'épreuve suprême. Car le colonel Caldwell était l'un de nos officiers professionnels qui n'avait pas besoin de se faire passer pour un « disciplinaire » pour s'en sortir.

Vous aimeriez peut-être en savoir plus sur cette action du point de vue tactique et comment beaucoup d'entre nous ont survécu sans blessure permanente. C'est très intéressant. J'aimerais pouvoir l'expliquer en détail. Pour moi, c'est plus intéressant du point de vue du courage, de l'efficacité et du dévouement indéfectible au devoir dont font preuve tant les officiers que les hommes. C'était un point culminant approprié pour un bilan enviable de bataillon en matière de service en première ligne , et un accomplissement des plus honorables pour l'armée américaine et ses soldats de couleur.

J'aurais aimé avoir le temps de vous raconter les nombreux actes d'héroïsme particulièrement glorieux accomplis par les officiers et les hommes. J'utilise le mot *glorieux* , car pour moi, même cela est un mot faible à utiliser pour décrire les actions héroïques d'un homme totalement et délibérément, prémédité, indifférent à sa sécurité personnelle et déterminé uniquement à son devoir et au désir d'aider et de sauver les autres. Et pour moi aussi, c'est la seule chose dans la guerre, à moins que ce ne soit le courage de ceux qui restent chez eux, en suspens et faisant de manière désintéressée tout ce qui est en leur pouvoir pour aider, qui soit presque *glorieux* .

S'ils pouvaient seulement les tuer sur le coup au lieu de les laisser souffrir et mourir dans d'atroces heures, peut-être des heures (voire des mois) plus tard. Les voir souffrir et être impuissants à les aider, et savoir que beaucoup d'entre eux pourraient être sauvés s'il était possible d'arrêter le massacre suffisamment longtemps pour leur prodiguer les soins médicaux appropriés. De nombreux hommes sont morts à Bois Fréhaut ou après et auraient pu être sauvés s'ils avaient été rapidement et correctement soignés. Quel sacré jeu pour les nations *chrétiennes* qui se préparent à jouer à nouveau, au XXe siècle après J.-C.

Une petite scène est revenue dans ma mémoire : la mort d'un coureur de la compagnie « E ». En fin d'après-midi du 10, j'ai quitté mon PC pour voir une certaine position. J'avais parcouru une courte distance lorsque j'ai marché sur quelque chose qui a attiré l'attention. C'était une main humaine ! A proximité, il y avait une grande tache de sang et une traînée comme si quelque chose avait été traîné dans la direction générale de l'endroit où se trouvait notre poste de secours avant qu'il n'explose. Ma route était un peu à droite, mais j'ai suivi les marques macabres sur une cinquantaine de mètres et là, blotti dans un petit ravin, se trouvait le coureur de la compagnie « E » que j'avais envoyé avec un message pour le capitaine Sanders environ deux heures auparavant.

Non seulement son bras droit était arraché au niveau du coude, mais son côté droit et sa jambe droite étaient gravement mutilés. Je pensais qu'il était mort, mais je me suis penché et j'ai posé ma main sur son front. Ses yeux s'ouvrirent. Il y avait en eux un regard mélancolique et lointain. J'ai parlé, et avec un effort apparent, il les a concentrés, ils se sont éclairés par la reconnaissance, et immédiatement, presque à ma perte, son corps s'est redressé ! Son épaule droite et le bout de son bras ont sursauté ! Complètement impuissant, tremblant au bord de l'éternité, il s'était mis au garde-à-vous et avait *salué* son major !

Puis j'ai remarqué qu'il faisait un pitoyable effort pour parler, et d'une certaine manière, je ne peux pas expliquer comment, j'ai eu l'impression qu'il y avait dans sa poche quelque chose qu'il souhaitait voir. J'ai sorti un portefeuille et j'ai trouvé ce que je savais qu'il voulait. C'était une photo de carte postale d'une jolie fille colorée tenant dans ses bras un bébé sombre et souriant. Les obus hurlaient. Juste à ce moment-là, quelqu'un a arraché la terre à proximité et nous a aspergé de terre. J'ai appuyé sa tête contre mon genou et j'ai tenu la photo près de ses yeux. Un regard fier et satisfait leur apparut, puis un sourire calme et fatigué. Il semblait regarder de plus en plus loin. Un autre pot formidable et rebondissant et la forme sanglante et tachée de boue se détendit. Un autre camarade courageux était « parti vers l'ouest ».

Un peu plus loin, j'aperçus un gros soldat appuyé contre un tronc d'arbre éclaté, les entrailles pendantes. Personne d'autre n'était proche . Il semblait en délire et pleurait pitoyablement comme un petit enfant pour « Maman ». Lorsqu'il m'a vu , il m'a regardé fixement un instant, puis s'est levé d'un bond et a crié : « Le major Ross est avec nous ! Allez-y, les garçons ! » et est tombé – mort. Puis j'ai réfléchi à tout ce que j'avais entendu selon lequel il fallait traiter les soldats comme des chiens – surtout ceux de couleur – pour gagner en discipline et inspirer le respect. J'ai remercié Dieu de ne pas avoir à le faire.

Je pourrais vous raconter que ce matin-là, pendant l'avancée, je me trouvais en train de regarder un non-com. chef de section un peu à ma gauche quand il y a eu un craquement méchant et un éclair aveuglant juste au-dessus et devant lui, et comment j'ai vu son corps sans tête - le sang jaillissant - s'avancer et se précipiter contre un rocher. Je pourrais vous parler d'hommes forts qui sont devenus fous (et étaient encore fous la dernière fois que j'en ai entendu parler) dans cette horrible agitation. Je pouvais raconter pendant des heures des choses horribles à Bois Fréhaut – sans parler d'expériences antérieures ailleurs – les journées étaient mauvaises mais les longues nuits étranges. Ils sont trop horribles, trop écoeurants pour en parler longuement, même ici où nous sommes tous en sécurité, reposés et en bonne santé. Il n'est pas étonnant que les hommes qui ont personnellement enduré de telles souffrances n'en parlent pas beaucoup. Mais le souvenir de ces choses horribles, même s'ils le font croire, est gravé au plus profond de leur âme et les hantera parfois jusqu'à leur dernier jour.

Il y avait des gens en Amérique et aussi en France qui portaient des uniformes d'officier et s'amusaient comme des fous et il y en avait qui, si justice devait être rendue, paieraient sûrement pour leur arrogance ridicule pendant et après la guerre. Le militarisme est l'une des institutions dégoûtantes que j'ai combattu pour contribuer à son élimination. Oui, cela sera éliminé – et évité. À première vue, dans la plupart des pays, les choses semblent à peu près comme avant. Le même vieux gang est aux commandes, mais il ment et s'allie, se bat les sourcils et complote un peu plus que ce qui était nécessaire jusqu'à présent. Depuis le début de la Guerre mondiale (résultat de la réussite mondiale et du culte de l'argent) en 1914, des choses ont changé. Par exemple, l'accélération du changement du statut de la femme. Les votes sont simplement le résultat de ce changement. Cette phase à elle seule, et ce qui l'accompagne – le nouvel état des affaires sexuelles – *nécessite* et contribuera à provoquer un changement de point de vue humain.

Que cela plaise ou non à certaines personnes et classes de personnes, la démocratie est là pour rester, et le maintien augmentera et s'épanouira à mesure que les gens apprendront. Le retour des masses à l'ignorance, à la féodalité et à l'esclavage est impensable – impossible. Le Dieu Tout-Puissant est-il un imbécile humain ? L'humanité a-t-elle déjà ou s'en sortira-t-elle un jour en supposant qu'Il l'est ? Pensez à ces belles jeunes victimes dont j'ai parlé, allongées et accrochées au fil devant la ferme de Belle Aire.

Plus important que le militarisme et la guerre, ou que la politique, ou que la façon d'acquérir des fortunes, ou que toute autre chose, c'est l'apprentissage – pas seulement à ce sujet – mais aussi *comment atteindre* la droiture, la paix, le contentement, le vrai bonheur. Je donne la priorité à la justice, car sans elle, aucune de ces choses auxquelles l'humanité aspire n'existerait . Il y aura beaucoup d'hypocrisie, mais pas beaucoup de droiture authentique jusqu'à ce que nous soyons plus nombreux à concentrer notre esprit, notre cœur et nos aspirations sur quelque chose de plus élevé que le matérialisme et la mondanité. Vous ne pouvez pas *légifère* la justice dans le cœur de l'humanité.

Une foule de gens réfléchis commencent à s'en douter à tel point qu'ils souhaitent découvrir la vérité – le *remède* . Maintenant, il y a des gens qui se précipitent, d'autres qui attendent pour vous dire la « vérité ». Ou bien ils vous remettront une brochure, vous vendront un livre ou vous renverront à un livre écrit par une personne qui fait de grandes affirmations ou insinue sur le fait de détenir des « informations privilégiées ». Il peut y avoir suffisamment de vérité pour tromper les irréfléchis ou les crédules et il peut être suffisamment insidieux pour inquiéter même les sages. Il y en a plusieurs qui font des affirmations surprenantes, mais aucune n'a *encore* surmonté les lois matérielles. Il existe de nombreux programmes d'études et « systèmes », qui ne prétendent pas être chrétiens ou religieux, qui garantissent, et vous aident sans aucun doute dans vos affaires, contribuent à votre réussite, guérissent vos maux – certains d'entre eux – et sont bénéfiques pour votre santé. .

Presque d'innombrables panacées pour tous les maux sont avancées. Certains de ces religieux et promoteurs de l'élévation qui possèdent des « informations privilégiées » et des « révélations spéciales », etc., peuvent être sincères et beaucoup de gens peuvent croire quoi que ce soit. Il en va de même pour les Turcs et les chasseurs de têtes des îles des mers du Sud.

Mais autant que je sache, il n'a jamais vécu sur cette terre qu'un *seul Homme* qui a enseigné les choses que nous devons et voulons savoir, qui les a absolument vécues Lui-même et qui les a prouvées et démontrées au-delà de toute aventure. Vous découvrirez par une étude, une expérience et une réflexion honnêtes et minutieuses que ces choses et celles-là seules sont *pratiques* . Cet homme est né dans une étable, est mort sur une croix et a laissé un patrimoine composé des vêtements qu'il portait. C'est l'homme qui a dit : « Aimez vos ennemis ». « Amassez vos trésors au Ciel. » "Mon Royaume n'est pas de ce monde." "Si vous m'aimez, gardez mes commandements ou mes paroles." « Si un homme ne naît de nouveau… » « Vous les reconnaîtrez à leurs fruits », etc., etc. Et c'est Lui qui prétend suivre la chrétienté.

Heureusement, certains hommes qui le connaissaient personnellement et d'autres qui connaissaient personnellement ses apôtres ont écrit à son sujet : ce qu'il a dit et ce qu'il *a fait* . Certains de ces écrits ont été rassemblés et compilés dans un livre. Ce livre s'appelle « Le Nouveau Testament ». Maintenant, avec tout le respect et la considération que je dois aux motivations et aux intentions de beaucoup de ceux qui ont écrit depuis, dont certains prétendent ou déduisent des informations « spéciales » ou « privilégiées », je suggère humblement que l'endroit logique, sûr et fiable pour chacun de nous apprendre à connaître le Christ se trouve dans le Nouveau Testament. Voyons s'Il a vraiment dit quelque chose d'applicable et qui en vaille la peine. *maintenant* , s'il le pensait, s'il l'a vécu et l'a prouvé, et, surtout, tenons-nous-y jusqu'à ce que nous sachions *ce que c'était et ce qu'est* . Le monde en a cruellement besoin – il en a besoin pur, non dilué, sans mélange – il a besoin de savoir ce que c'est, sans concessions et sans réserves. Si les gens sont assez intelligents pour se gouverner eux-mêmes (et je pense qu'ils le sont et qu'ils s'améliorent progressivement dans cette capacité), ils sont maintenant enfin assez intelligents pour étudier le Nouveau Testament lui-même par eux-mêmes et pour eux-mêmes. Comment un chrétien peut-il logiquement s'y opposer ?

La seule solution aux problèmes et aux difficultés de l'humanité réside dans une compréhension *correcte* des enseignements du Christ – et non dans un subterfuge vaniteux. Certaines personnes pensent qu'elles savent tout maintenant. Aucun humain ne ressuscite les morts ou n'apaise la tempête de nos jours et cette attitude de « tout savoir » est le résultat de la vanité charnelle et non de la connaissance. Alors commençons ou révisons, dès le primaire ou la maternelle. Beaucoup semblent avoir commencé dans les cours de troisième cycle ou du moins dans la classe supérieure. Je soupçonne que l'égoïsme, la vanité, l'orgueil, l'orgueil du monde, l'ambition matérielle (qu'elle soit appelée matérielle ou non), etc., sont à l'opposé direct du christianisme.

Je pensais en savoir beaucoup sur la religion, mais après qu'ils m'aient fait sortir de Bois Fréhaut, j'ai commencé en primaire pour essayer d'en apprendre davantage sur le christianisme, pour ainsi dire. Le monde doit apprendre *ce qu'il est*, puis commencer à apprendre à l'appliquer ou à le vivre. Ça sera fait. Les églises aideront. Ils vont aider ou arrêter. Beaucoup d'entre eux ont désormais terminé. Mais le christianisme tel que le Christ l'a enseigné ne s'arrêtera pas. Ce sera bientôt le sujet primordial de conversation et de réflexion. Le monde a atteint un stade de progrès matériel. Les gens sont éveillés, éclairés et organisés à tel point que les choses deviendraient insupportables, impossibles sans cela.

Je ne pouvais pas très bien laisser de côté toute mention du christianisme dans cette conférence, car les choses que mon bataillon a contribué à rendre possibles et à réaliser dans le monde sont, dans un sens, étroitement liées au christianisme. Il ne pourrait pas y avoir de véritable christianisme sans démocratie et il ne peut y avoir de véritable démocratie sans christianisme. Je ne prétends pas être un grand chrétien, mais j'aurais aimé avoir le temps de vous dire ce que je pense, pourquoi je le pense et ce qui me le *fait* penser, et ainsi de suite. Vous l'examinez vous-mêmes. Et maintenant il faut sortir de Bois Fréhaut .

Ce n'est que le 11 novembre, à dix heures trente du matin, que je reçus des ordres relatifs à un armistice. Le troisième coureur envoyé me parvint avec un ordre de Division . J'étais aux commandes directes de la principale avancée effectuée lors des tentatives des 10 et 11 vers Metz et ce fut le premier mot précis que j'eus sur l'armistice. Nous avions entendu dire qu'une telle chose était attendue, mais je supposais qu'il faudrait plusieurs jours, voire plusieurs semaines, avant que cela n'entre en vigueur. Nous savions que des officiers allemands avaient traversé les lignes sous pavillon de trêve pour rencontrer des représentants du Haut commandement allié, mais nous ignorions quel avait été le résultat de ces pourparlers. Certains pensaient que les hostilités ne cesseraient pas avant des mois.

Imaginez donc notre joie dans cet insupportable trou d'obus , lorsque nous avons découvert que la guerre ne durait que *trente minutes* . Parmi ceux qui m'accompagnaient à ce moment-là, certains criaient de bonheur et d'autres regardaient avec étonnement, craignant que ce soit trop beau pour être vrai. J'ai envoyé le message à mes dirigeants et je me suis assis en regardant ma montre. Les tirs d'artillerie augmentaient en intensité s'il y avait une différence et les mitrailleurs ennemis élevaient leurs pièces et arrosaient le bois de balles. Cela aurait été difficile d'être touché à ce moment-là. Rapidement, à onze heures, tous les incendies commencèrent à diminuer et en quelques minutes ils cessèrent. La guerre mondiale était arrêtée.

Non seulement nos hommes, mais aussi les Allemands semblaient ravis. Peu après que les clairons eurent sonné « cessez le feu », les Huns se précipitèrent hors de leurs positions et nos hommes les rencontrèrent entre les lignes. En fait, ils se sont serré la main et se sont donné des gifle. Ils échangeaient des bibelots et organisaient une véritable réception jusqu'à ce que nos officiers réussissent à ramener les hommes dans les lignes. Je ne le croirais pas si je ne l'avais pas vu.

Dans l'après-midi, j'ai appris que notre lieutenant-colonel, commandant le régiment, ainsi que certains membres de son état-major, avaient été gravement gazés dans une pirogue au quartier général du régiment et forcés d'aller à l'hôpital et que moi, étant le suivant dans le rang, commandait temporairement le régiment. Mon visage était tellement enflé que je ne pouvais voir un peu que d'un seul œil. Mes oreilles saignaient et il fallait me crier dessus pour entendre. J'étais écorché et meurtri et ma voix refusait de fonctionner. Une sorte de réaction s'était produite et je me sentais faible et malade. Nous avons croisé une rangée de morts et de morceaux de morts et encore quelques morts et avons finalement atteint la limousine qui avait été envoyée pour moi.

Nous avancions lentement à cause des impacts d'obus sur la route lorsqu'un des hommes qui m'accompagnait a dit : « Il y a un homme devant qui chante et agite les bras comme s'il était fou. Je pouvais voir qu'il était en arrière et chantait ou criait et à tous les quelques pas, il s'arrêtait et agitait les bras et exécutait d'étranges mouvements de danse. Lorsque nous l' avons dépassé , j'ai arrêté la voiture et lui ai demandé quel était le problème. "Monsieur-Major", dit-il, les yeux rayonnants, "Je-je ne peux tout simplement pas assez louer Dieu de m'avoir permis de sortir vivant de ce bois ."

La tenue était trop fatiguée pour aller loin ce jour-là. Mais le lendemain matin, la fanfare régimentaire est venue vers moi en corps et m'a demandé la permission de remonter la route pendant environ un mile pour rencontrer le deuxième bataillon, qui, sous mes ordres, venait à Loisey , où se trouvaient des logements confortables, pour se reposer. Je suis sorti sur la place du village, en tant que commandant du régiment, pour accueillir mon héroïque bataillon, le bataillon qui avait *acquis* une renommée éternelle pour lui-même, son régiment, sa brigade, sa division et pour la race de couleur américaine.

Bientôt, j'ai entendu le groupe jouer comme il n'avait jamais joué auparavant et ils sont apparus marchant dans la rue principale de la ville. Là, en tête, boiteux et sale, se trouvait mon grand capitaine senior, Sanders. Plus loin, je pouvais reconnaître Green, capitaine du « H », trapu et en haillons, marchant à la hauteur de son guide de compagnie. J'en ai remarqué d'autres, ainsi que l'absence des autres, et de nombreuses pensées m'ont traversé l'esprit alors que je les regardais marcher vers moi.

Sanders m'a vu et savait quoi faire. Je n'ai jamais donné beaucoup de commandes fantaisistes, ce n'était pas nécessaire dans cette tenue. Quand le milieu de la colonne fut en face, il hurla d'une voix rauque — mais eux aussi savaient quoi faire — « Les escouades sont parties… Marchez ! Bataillon : Haltez ! » Ces talons ont cliqué. Leurs fusils, comme d'une seule pièce, en trois mouvements nets, s'abaissaient à « l'ordre ». De nouveau, il cria, ou essaya de crier : « Présentez les armes ! Encore deux mouvements distincts et vifs. Sanders se tenait debout en train de saluer et là, devant moi, à « présentation des armes » – pas beaucoup plus grand qu'une compagnie ne devrait l'être, se tenait tout ce qui restait de mon merveilleux deuxième bataillon ! – Mes héros de Bois Fréhaut !

Remarque : Beaucoup ont été totalement frappés d'incapacité pendant plusieurs jours et leurs noms n'ont pas été indiqués dans les rapports finaux sur les « victimes ».

Je les ai amenés à « l'ordre » et je suis resté sous le charme. C'était de loin la cérémonie la plus touchante, la plus excitante et la plus impressionnante que j'aie jamais vécue ou vue. Ils étaient là, couverts de boue, tachés et éclaboussés de sang, leurs vêtements, ce qu'il en restait, déchirés et déchiquetés. Ils avaient l'air émaciés, hagards, mais ces silhouettes droites et immobiles, ces grands yeux fixes, toute leur allure fière et virile avaient quelque chose de cette véritable noblesse de altruisme et de sacrifice qui est au-delà de toute description.

Ces hommes avaient subi les tortures des damnés. Ils avaient affronté tous les engins de terreur et de destruction que l'homme diabolique pouvait inventer. Ils avaient enduré les cris, les fracas, le rugissement et le chaos de l'enfer. Ils avaient vu leurs camarades réduits en morceaux, déchirés, mutilés et étouffés par les gaz. Ils avaient écouté, impuissants, pendant de longues et effroyables heures, les gémissements pitoyables et déchirants des blessés et des mourants.

Oui, ils avaient été essayés, ils avaient été éprouvés, ils avaient été pesés dans la balance, ils avaient été passés dans un creuset ardent – et ils étaient du véritable or. Pendant de longues et dures semaines, ils avaient souffert et enduré, et tout cela pour ce qu'ils croyaient être la préservation de notre pays, le progrès de la démocratie et l'amélioration de l'humanité. Je restais là à regarder, à réfléchir – déchiré et étouffé par l'émotion – ravi d'admiration et le sentiment grandissant rapidement que j'allais faire à mes soldats un discours – un discours. Mais *que* pourrais-je dire ? Comment pourrais-je le dire ? Que pourrait *dire* quelqu'un à ma place ? Après plusieurs tentatives, je me suis rapproché et j'ai chuchoté aussi fort que possible : « Officiers et hommes, votre major est fier de son bataillon !

ANNEXE

L'histoire s'intéressera autant que possible aux *faits* . En ce qui concerne la guerre mondiale, le monde croit et croira ce qui est déclaré par ceux qui détenaient l'autorité suprême et par ceux dont le rôle est sans passion – de vérifier et d'énoncer impitoyablement la vérité. Les déclarations ou récits contraires, ou qui ne coïncident pas, sont tout simplement ridicules et ne peuvent tenir.

Des faits banals, quotidiens, des faits qui n'avaient rien d'inhabituel sur quelque chose d'importance particulière, des faits qui n'étaient pas exceptionnels, des exploits qui n'étaient pas particulièrement remarquables du point de vue de l'ensemble des choses, des tentatives qui n'ont pas réussi ou qui n'ont été que partiellement réussies. - ou s'ils ne peuvent pas être prouvés de manière logique et adéquate - aussi formidables et louables qu'ils puissent être et puissent paraître aux personnes directement concernées - n'intéressent ni ne convainquent pas grand monde, certainement pas le grand public - même maintenant, et, bien sûr , ne le sera jamais.

Tous les récits de soldats de couleur américains en France insistent beaucoup sur l'attaque de la quatre-vingt-douzième division, juste avant l'armistice, contre les défenses de Metz, considérée comme la forteresse ou position intérieure la plus imprenable au monde. Attaquer la forteresse la plus puissante du monde *signifie* quelque chose, et si vous obtenez un succès réel, clair et incontestable, et si le monde le sait, cela signifie beaucoup. L'opinion publique est particulièrement importante dans une démocratie.

Au moment du lancement de cette attaque, soit le matin du 10 novembre 1918, la Division avait suffisamment d'expérience en ligne et était suffisamment bien organisée et équipée pour être prise au sérieux en tant que Division de combat. Mais, malheureusement, nos activités contre les défenses et sous les canons de Metz, qui précédèrent immédiatement la cessation des hostilités, époque où transpiraient tant d'intérêt et d'importance, ne reçurent que peu ou pas de publicité générale.

Mais imaginez mon état d'esprit, après avoir donné une conférence à deux auditoires de couleur et avoir parlé à mes amis blancs des merveilleuses réalisations de mon bataillon de couleur, lorsque j'ai lu un article de l'Associated Press envoyé de Washington qui contenait un paragraphe d'une lettre créditée. au général John J. Pershing, qui se lit comme suit : « La quatre-vingt-douzième division, à cheval sur la Moselle, attaqua à 7 heures du matin le 10 novembre et à 5 heures du matin le 11 novembre, avança sur une courte distance, mais les troupes s'étaient retirées pour couvrir face à des tirs nourris et répétés lorsque le commandant de la brigade attaquante a reçu l'information à 7 h 18 qu'un armistice serait effectif... » etc.

Mes amis ou les amis de quiconque lisant ou entendant cette déclaration attribuée au commandant en chef des forces expéditionnaires américaines croiraient que les soldats de couleur de la quatre-vingt-douzième division (la seule division de combat de couleur complète) avaient *tenté* quelque chose contre le fortifications de Metz mais qu'elles avaient *ÉCHOUÉ* !

Cela a fait de Bois Fréhaut un canular. Cela a fait de moi un menteur. Cela faisait de tout citoyen de couleur la risée qui parlait des grands actes et *des réalisations* des soldats de couleur sous les canons de Metz.

Les généralisations, même authentiques, ne sont pas *convaincantes* . Des résumés détaillés sur des unités engagées différemment à différents moments et lieux changent peu d'opinions. Il fallait montrer quelque chose de spécifique, complet en soi, *démontrable de manière satisfaisante aux sceptiques , c'est pourquoi il m'a semblé d'assurer et de préserver pour le soldat de couleur américain et pour le Noir américain le mérite d'une réalisation* des plus exceptionnelles et des plus glorieuses . Immédiatement, j'ai écrit à un membre du Congrès, l'hon. Will R. Wood envoya l'extrait du Sunday Star d'Indianapolis du 11 janvier 1920, ainsi que les faits sur la marche de la quatre-vingt-douzième division vers Metz.

Après que le général Pershing soit revenu à Washington, après sa tournée d'inspection, et que les dossiers aient été entièrement examinés, il a écrit une lettre à M. Wood en date du 1er mars 1920. M. Wood m'a envoyé la lettre. Le général Pershing a déclaré que le paragraphe tel que publié était incorrect et que ce qu'il disait réellement dans sa lettre était : « La quatre-vingt-douzième division, à cheval sur la Moselle, a attaqué à 7 heures du matin, le 10 novembre, et à 5 heures du matin, le 11 novembre, a renouvelé l'attaque. . La nouvelle attaque commença à 5 heures du matin, le 11 novembre avança sur une courte distance, mais les troupes s'étaient retirées pour se mettre à couvert face aux tirs nourris signalés... " etc.

Même cette affirmation, bien que parfaitement vraie quant aux tentatives d'avance du 11 novembre, donne une impression générale d'échec de la Division dans sa progression vers Metz. Cela ne rend cependant pas impossible ou faux le fait que la position clé, Bois Fréhaut , ait été capturée dans son intégralité le 10 et *maintenue continuellement* jusqu'à l'entrée en vigueur de l'armistice. La détention était en réalité plus importante que la capture. Les ordres étaient « capturer et retenir » et une grande importance était accordée au « tenir ». Mais le général Pershing poursuit avec beaucoup de justesse et de justesse, comme vous le constaterez, en affirmant et en démontrant que le deuxième bataillon du trois cent soixante-cinquième infanterie a *pris* et *tenu* le Bois Fréhaut , et que *ce bataillon a pleinement accompli* sa mission.

La lettre du général a été publiée dans le cadre d'un article, sous le titre « Pershing envoie un rapport correct», dans l'Indianapolis Star du 9 mars 1920.

Elle a également été copiée dans d'autres journaux. La lettre dans son intégralité suit :

FORCES EXPÉDITIONNAIRES AMÉRICAINES

BUREAU DU COMMANDANT EN CHEF

1er mars 1920.

Mon cher M. Wood :

Je regrette que mon absence de Washington ait retardé cette réponse à votre lettre du 17 janvier joignant une lettre du 12 janvier du major Ross.

Le major Ross cite un paragraphe d'une lettre écrite par moi et publiée dans le "Indianapolis Star" et critique ce paragraphe comme étant injuste en ce qui concerne son bataillon (2e bataillon, 365e d'infanterie). Tel que cité par le major Ross, le paragraphe auquel il s'oppose se lit comme suit :

« La 92e Division, à cheval sur la Moselle, attaqua à 7 heures du matin le 10 novembre et à 5 heures du matin le 11 novembre, avança sur une courte distance, mais les troupes s'étaient retirées pour se mettre à couvert face à des tirs nourris répétés lorsque le commandant de la brigade attaquante a reçu l'information à 7 h 18 qu'un armistice entrerait en vigueur à 11 heures. Le commandant de brigade rapporte qu'il a ordonné l'arrêt de tous les tirs à 10 h 45 et que les tirs ont ainsi été arrêtés.

La citation ci-dessus est incorrecte. Le paragraphe tel qu'il était effectivement rédigé dans ma lettre du 21 novembre était le suivant :

« La 92e Division, à cheval sur la Moselle, attaque à 7 heures du matin le 10 novembre et à 5 heures du matin le 11 novembre reprend l'attaque. La nouvelle attaque a commencé à 5 heures du matin le 11 novembre et a avancé sur une courte distance, mais les troupes s'étaient retirées pour se mettre à couvert face aux tirs nourris signalés lorsque le commandant de la brigade attaquante a reçu l'information à 7 h 18 qu'un armistice serait effectif. à 11 heures du matin. Le commandant de brigade rapporte qu'il a ordonné l'arrêt de tous les tirs à 10 h 45 et que les tirs ont ainsi été arrêtés.

Vous remarquerez que dans le bon paragraphe, la référence au retrait des troupes concerne uniquement la *reprise* de l'attaque déclenchée à 5 heures du matin le 11 novembre et ne concerne pas l'attaque du 10 novembre. Je pense qu'un examen attentif de la lettre du major Ross montre que ses déclarations quant au travail de son bataillon n'affirment pas qu'une quelconque avancée ait été réalisée par le 2e bataillon le 11 novembre. L'examen des archives montre que le 2e Bataillon a bien pris le Bois Fréhaut le 10 novembre et que ce bataillon a occupé cette position jusqu'à l'entrée en vigueur de l'armistice.

Les ordres émis par la 183e Brigade dans la soirée du 10 novembre pour l'opération du 11 novembre prévoyaient de mettre en position le 1er Bataillon du 365e dans la partie ouest de Bois Fréhaut et —" le 2e Bataillon du 365e d'infanterie sera retenu en appui. dans sa position actuelle au Bois Fréhaut . Cela montre clairement que le 2e bataillon du 365e d'infanterie ne devait pas attaquer le 11 novembre ; et, combiné à d'autres preuves, montre que le 2e bataillon du 365e d'infanterie occupait, le 11 novembre, les positions qu'il avait conquises le 10 novembre.

Les véritables déclarations que j'ai faites dans ma lettre du 21 novembre étaient exactes, basées sur les rapports de plusieurs commandants, et je pense que le major Ross conviendra qu'il n'y a rien dans ce que j'ai dit qui reflète d'une manière ou d'une autre le travail de le 2e bataillon, 365e d'infanterie. Ce bataillon semble avoir fait ce qu'on attendait de lui le 10 novembre et le 11 novembre. Comme le montre la citation que j'ai donnée ci-dessus de l'ordre émis le 10 novembre pour l'opération du 11 novembre, le 2e bataillon était en appui et n'était pas dans la ligne d'attaque le matin du 11 novembre.

Je joins ci-joint les papiers joints à votre lettre du 17 janvier.

Très sincèrement,
(Signé) John J. Pershing.

L'honorable Will R. Wood,
Chambre des représentants,
Washington, DC

Compte tenu de l'opinion générale qui prévaut parmi les forces américaines en France et de l'impression du grand public américain concernant la progression de la quatre-vingt-douzième division vers Metz, ainsi que par rapport à son expérience dans l'Argonne représentée par la trois cent soixante-huitième Infanterie en ligne d'attaque, il m'a semblé opportun de préciser quel a été le résultat du travail effectué par les unités attaquantes, autres que le deuxième bataillon du trois cent soixante-cinquième d'infanterie, lors de l'avancée sur les fortifications de Metz les 10 et 11 novembre. . C'est d'autant plus bien que je les ai évoqués puisque le général Pershing dit en effet (et le général sait et est considéré comme une autorité) que le deuxième bataillon, trois cent soixante-cinquième d'infanterie *a pleinement accompli* sa mission, et aussi que les attaques menées contre le Le 11e « a avancé sur une courte distance, mais s'est retiré pour couvrir… »

Sans doute, avant de lire ma conférence, *certains* pensaient que la quatre-vingt-douzième division se précipitait avec une force irrésistible au-delà des points forts, indépendamment de toutes les défenses, balayant tout devant elle et n'était empêchée que d'abattre les murs de la zone. ville de Metz elle-même par l'armistice. Comme presque tous les soldats, depuis le général Pershing jusqu'au général, le savent et comme le prouve clairement la ligne de bataille finale comparée à celle du 9 novembre, tel n'était pas le cas. Si je m'étais livré à de brillantes généralités à cet effet, si je l'avais seulement déduit, ou si j'avais laissé l'impression que toutes les unités concernées accomplissaient leurs missions, c'est-à-dire réussissaient à exécuter leurs ordres, je m'exposerais à des poursuites sérieuses et justes. critique, car en tant que leader de l'attaque sur la position clé, qui était la position centrale, il était de mon devoir de *savoir* ce qui se passait sur mon front et sur mes flancs. Je serais considéré comme un menteur ou du moins comme un exagérateur, et tout ce que j'ai dit, s'il avait le moindre effet, nuirait au lieu d'ajouter au crédit dû au soldat de couleur américain.

"Scott's Official History of the American Negro in the World War", écrit et compilé par Emmett J. Scott, assistant spécial du secrétaire à la Guerre, contient les rapports généraux, moins les annexes et les détails, du commandant de la quatre-vingt-douzième division. et du commandant de la cent quatre-vingt-troisième brigade relative aux opérations des 10 et 11 novembre. Pour votre commodité, je citerai des pages de l'ouvrage du Dr Scott.

J'ai dit quelque chose comme quoi le bataillon de la division blanche à gauche du front du 367e attaqua, perdit environ 156 hommes en quelques minutes et se retira. J'ai aussi dit que le 367e d'infanterie sur notre gauche, juste de l'autre côté de la Moselle, n'avait pas réussi à accomplir sa mission.

Page 151, rapport de brigade, « À 10 h 30, un message de la division fut reçu indiquant que l'attaque de la 367e infanterie, 184e brigade avait été repoussée (sur notre gauche), mais que deux compagnies étaient envoyées en avant pour renforcer leur attaque. .»

Page 159, rapport de division, « 10 novembre 9 h 30 — L'attaque du 367e d'infanterie à l'ouest de la Moselle n'a pas été poursuivie en raison de l'échec de la 56e infanterie, 7e division, à capturer Preny . Le rapport du commandant du 367e d'infanterie aux pages 2 et 3 montre les faits et les raisons.

Page 160, rapport de division : « Dans la mesure où la 367e d'infanterie à l'ouest de la Moselle n'a fait aucune avance en raison du fait qu'il était nécessaire que la 7e division capture d'abord Preny avant qu'une avance ne soit possible, aucun rapport n'est fait ici sur les unités ennemies engagées. à l'ouest de la Moselle.

Cela, je suppose, suffit à prouver qu'aucun succès n'a été obtenu par les unités avançant ou avançant sur notre gauche. Il est nécessaire de prouver *que,* pour le bénéfice d'un très petit nombre seulement, car l'écrasante majorité des Américains (en raison de l'effort visant à accorder un crédit égal à toutes les unités et à laisser entendre que toutes les parties concernées ont réussi) ignorent ou doutent sérieusement que la 92e Division ou l'une de ses unités a obtenu un réel succès *n'importe où* .

Voyons maintenant notre brigade, la 183e, qui comprenait les 365e et 366e d'infanterie et le 350e bataillon de mitrailleuses. Le rapport de la Brigade dit, dernière partie du paragraphe 2 de la page 149 du même livre : « Le but de cette attaque était de capturer et de tenir le Boise Fréhaut et le Bois Voivrotte (Bois Voivrotte est le nom du petit bois dont j'ai parlé dans le lecture, à notre droite) dans le but d'avancer la ligne d'observation du secteur Marbache jusqu'à la limite nord de ces bois. Ainsi, nos ordres de brigade étaient de capturer et de tenir ces deux bois, et, à mesure que nous avancions du sud, la ligne que nous devions tenir respectivement était la *limite nord* de ces deux bois.

Page 149, paragraphe 3 du rapport de brigade : « L'attaque devait être menée sur le Bois Fréhaut par le 2e Bn. 365th Inf., Major Warner A. Ross, commandant. L'attaque du Bois Voivrotte devait être effectuée par deux pelotons, le 2e Bn. 366e infanterie. Au zéro », etc.

Au petit matin de 8h12, dit le rapport, page 150, un message avait été relayé du quartier général de division au quartier général de brigade selon lequel Bois Voivrotte était complètement occupé. C'était très petit par rapport aux positions du 2e Bn. 365e infanterie. attaquait. Et l'entrée suivante, telle qu'elle est donnée à la page 150, est : « A 9 heures du matin, un message a été reçu indiquant que de violents combats à la mitrailleuse se déroulaient au Bois Voivrotte et au Bois Fréhaut . » C'était le cas à Bois Fréhaut à cette heure-là et à 8h30 lorsque j'ai envoyé par pigeon ce message particulier relatif à Bois Fréhaut . Or, le fait que des combats de mitrailleuses se déroulaient au Bois Voivrotte signifie que soit le message de 8h12 annonçant qu'il était complètement occupé était prématuré, soit que des mitrailleuses avaient été envoyées par l'ennemi après les pelotons du 2e Bataillon. 366e infanterie. "complètement occupé". Car si les mitrailleurs ennemis occupaient et combattaient dans le bois, on ne pourrait pas dire qu'il était « complètement occupé » par nos troupes.

Après que le 2e bataillon du 365e d'infanterie eut complètement occupé Bois Fréhaut et établi notre ligne le long de la limite nord ainsi que de la limite est de ce bois (c'était beaucoup plus au nord que la limite nord du Bois Voivrotte), il devint impossible pour l'ennemi d'envoyer ou garder des troupes au Bois Voivrotte à moins qu'il ne chasse mon bataillon de Bois Fréhaut . Il était cependant toujours libre de faire pleuvoir sur lui des tirs d'artillerie. Mais ici, il s'agit officiellement du commandant du 2e Bataillon. 366e infanterie. À la page 151, rapport de brigade : « 15 h 05. Message téléphonique du commandant du 2e Bon. 366e infanterie. qu'il avait retiré ses lignes jusqu'à la limite sud du Bois Voivrotte à cause des lourds bombardements ennemis - explosifs puissants et gaz dans les bois. Cet arrêt définitif de leurs efforts pour tenir Bois Voivrotte et le retrait de leurs lignes vers la limite *sud de celui-ci étaient l'une* des raisons de l'entrée suivante sur la même page : « 15h55. Ordres reçus du général commandant la 92e division de ne pas lancer d'attaque comme prévu. à 17 heures, mais de consolider les positions acquises, en les maintenant à tout prix contre d'éventuelles contre-attaques.» Car comment les autres unités qui étaient censées attaquer à travers les unités censées tenir Bois Voivrotte ont-elles pu avancer au-delà de sa limite nord alors qu'en réalité selon le commandant du bataillon - directement aux commandes - elles ne *tenaient que* la limite *sud* . *Il était* évidemment nécessaire de *reprendre* le Bois Voivrotte et de le *conserver* en totalité avant de pouvoir envisager de capturer quoi que ce soit au-delà ou au nord de celui-ci.

L' *autre* raison de l'annulation par le commandant de division de l'attaque qui devait être lancée depuis les limites nord de Bois Fréhaut et Bois Voivrotte le 10 à 17 heures était également évidente. Car comment les unités prévues pour attaquer à travers le 2e Bataillon du 365e tenant alors la limite *nord* du Bois Fréhaut auraient-elles pu avancer *au-delà* de nous alors qu'elles n'avaient jamais réussi, en raison des tirs d'artillerie ennemies, à atteindre même la limite *sud* du Bois. Fréhaut .

Au moment où l'attaque *au-delà de* Bois Voivrotte était sur le point d'être lancée par d'autres unités du 366e, ils *ne tenaient pas* Bois Voivrotte mais avaient retiré leur ligne vers la limite sud et tenaient ce qui était auparavant un no man's land - très largement. plus étroit là que devant la Ferme de Belle Aire. Comme on peut le constater, cet échec de leur part me laissait dans une situation précaire au cas où l'ennemi en force tenterait de nous envelopper à travers Bois Voivrotte . C'est en grande partie la cause de l'ordre à l'artillerie mentionné dans le rapport de division, page 160 : « 11 novembre 3 h 59 — L'artillerie a ordonné d'abattre un barrage sur la limite nord du Bois Voivrotte , ce point n'étant pas occupé par nos troupes. » Je pense, compte tenu des brèves remarques du général Pershing relatives aux attaques du 11 novembre, que cela les couvre toutes, y compris les troupes de la 7e Division attaquant par le CR jouxtant le 367e sur la gauche.

Qu'est-ce que tout cela signifie? Cela veut dire que de tous les bataillons concernés ou engagés dans l'attaque vers Metz lors de la poussée commencée le 10 novembre au matin, le seul bataillon qui ait accompli sa mission, c'est-à-dire le seul qui ait pu exécuter ses ordres... le seul qui a capturé et détenu quoi que ce soit était le 2e bataillon du 365e d'infanterie. Si ce bataillon *n'avait pas* réussi à prendre et à tenir Bois Fréhaut , s'il n'avait pas réussi à tout moment dans toutes ses différentes missions, et si ses compagnies, en tant que compagnies, n'avaient pas réussi toutes leurs diverses missions, je ne publierais rien. livre à ce sujet, sans parler de faire l'éloge du bataillon comme je l'ai fait.

Mais voyons d'autres citations de choses incluses dans l'Histoire du Dr Scott. Ralph W. Tyler, le correspondant de guerre de couleur, écrivant, nécessairement à partir de ouï-dire, à une époque où la confusion et le vacarme des combats rendaient impossible la prévision des résultats, pouvait cependant voir le paysage en général et il savait qui attaquait et plus tard qui tenait Bois Fréhaut . Il visita également Bois Fréhaut après l'armistice, c'est pourquoi il écrivit entre autres, page 289 : « … et ainsi le 2e Bataillon entra en action avec un seul officier blanc, le Major. Aucune unité en avance n'avait de position plus difficile à prendre et à maintenir que la position assignée au 2e Bataillon du 365e. Le Bois Fréhaut était un réseau de barbelés, et les gros canons de Metz n'avaient rien d'autre à faire que de balayer les bois d'un feu meurtrier, ce qu'ils faisaient avec une grande efficacité. Tour à tour, Français et Sénégalais n'avaient pas réussi à tenir ce bois, car c'était pire qu'un enfer : il était devenu le sépulcre de centaines de personnes. Moi (Ralph W. Tyler) j'ai parcouru et traversé ces bois ; J'ai vu la masse d'enchevêtrements de barbelés ; J'ai vu les nids dans les arbres dans lesquels les Allemands avaient camouflé des mitrailleuses qui faisaient pleuvoir le feu sur les troupes alliées.

« Il est impossible de décrire cette scène de carnage. L'ordre donné aux hommes de couleur du 365e était de « prendre et de tenir », même si l'on croyait, presque avec certitude, qu'ils ne pourraient pas le tenir, même s'ils le prenaient. Mais ils l'ont pris et l'ont tenu, ainsi que ces hommes du 2e bataillon, avec un courage spartiate ; avec une endurance incroyable, occuperaient ce poste au moment où j'écris ces lignes si l'armistice n'avait pas été signé ou s'ils n'avaient pas reçu l'ordre de se retirer.

Il raconte également que « le commandant major m'a déclaré que le monde n'avait jamais produit de combattants gamers autres que les hommes de couleur qui composaient son bataillon du 365e d'infanterie ». Mais ses trois paragraphes suivants, cités dans « Scott's History », sont pour la plupart erronés quant aux conditions antérieures. Les archives le montreront (les archives nécessaires ne sont pas dans ce livre), mais tous ceux qui étaient dans le 365e d'infanterie et presque tout le monde dans la division savent que le 2e Bn. Le 365th tient le secteur du bataillon de première ligne à l'est de la Moselle appelé CR Musson *sans interruption* pendant trente et un jours, puis recule, occupe la deuxième ligne de défense pendant trois jours (pendant lesquels diverses unités marchent et engagent l'ennemi pour vérifier ses effectifs).), revient à Pont-à-Mousson le 9 et attaque le 10 au matin. Pendant ce temps, les 1er et 3e bataillons se relayèrent pour tenir le CR sur notre droite, le CR Les Ménils . Je n'avais pas lu le livre du Dr Scott au moment où j'ai fait ma conférence. Pendant l'occupation du secteur de Saint-Die par la Division, ce bataillon a tenu continuellement un secteur de première ligne . Dans l'Argonne, il effectuait des travaux routiers aussi près de la ligne avancée que n'importe quel bataillon. La Division a été félicitée par le général Pershing pour son travail visant à faciliter la circulation pendant la campagne Argonne Meuse, c'est-à-dire la première partie de cette campagne. Des éléments du 368e d'infanterie restèrent brièvement sur la ligne d'attaque. Début octobre, la Division entière fut déplacée du tronçon Argonne-Meuse vers le secteur Marbache . Aucun bataillon du 368th Infantry n'a jamais occupé de position de première ligne dans le secteur de Marbache .

Pour vous montrer à quel point M. Tyler a été impressionné par Bois Fréhaut, je citerai à nouveau ses écrits. Page 286, livre du Dr Scott : « L'armistice a stoppé leur avance vers Berlin, mais ils ont atteint le point le plus proche de la ville allemande de Metz dans ce qui était conçu comme une marche victorieuse vers Berlin, et la valeur dont ils ont fait preuve, leur courage, des combats héroïques tout au long de cette avancée, qui ont valu à nos hommes de la 92e Division les éloges des officiers supérieurs, y compris les commandants de corps et de division, car ils n'ont jamais hésité un instant, pas même dans cet horrible enfer, le bois de Fréhaut , sur lequel le grand les canons de Metz jouaient constamment, que les Sénégalais ne pouvaient tenir, mais que nos soldats de couleur d'Amérique prirent et retinrent, jusqu'à ce que vienne le signal annonçant la cessation des hostilités.

Je vais maintenant donner quelques extraits supplémentaires du rapport du commandant de brigade. À la page 150, même livre : « A 10 heures du matin (10 novembre), un message de coureur fut reçu du commandant du 2e Bn., 365e Inf., indiquant qu'ils étaient lourdement bombardés dans le Bois Fréhaut par l'artillerie ennemie. , et demander un tir de contre-batterie ; il a également été déclaré que leur avance avait presque atteint la limite nord du

Bois Fréhaut . Il a été demandé à l'artillerie lourde de contre-tirer l'artillerie ennemie, ce qu'elle a fait rapidement. » J'ai envoyé ce message vers 9 heures.

À la page 151, rapport de brigade : « À 11 h 15, un message du commandant du 2e Bn. 365e infanterie. à l'effet que Bois Fréhaut était complètement occupé, que les Boches bombardaient les bois avec des gaz et des explosifs puissants, et demandaient des tirs de contre-batterie. C'était le message évoqué dans la conférence que j'ai envoyée à 10 heures par pigeon au quartier général de la Division. Il y fut lu et transmis au quartier général de la brigade (situé dans un autre village).

Page 152, rapport de brigade : « Notre avance s'est étendue sur une profondeur d'environ trois kilomètres et demi. Lorsque cette brigade a repris le secteur juste à l'est de la Moselle, il y avait une profonde rentrante au bord de la rivière, en raison de la poussée de Saint-Mihiel qui avançait la ligne de plusieurs kilomètres sur la rive ouest de la Moselle, tandis que la ligne sur la rive est est resté en place.

La raison pour laquelle il « est resté en place » était que ni les troupes françaises, ni les troupes américaines ni sénégalaises n'avaient réussi à pénétrer très loin dans le Bois Fréhaut – et encore moins à le prendre et à le tenir.

de 37 millimètres , les mortiers Stokes et les grenades à fusil ont été pleinement utilisés . Toutes ces armes, à l'exception des mortiers Stokes, furent mises en jeu lors des violents combats du Bois Fréhaut pour combattre les nids de mitrailleuses ennemies. 37 mm. les canons étaient poussés bien vers l'avant lorsqu'il était possible d'obtenir un tir direct sur les positions de mitrailleuses ennemies. C'est à l'usage intensif de ces armes que l' on doit l'avancée rapide à travers Bois Fréhaut . Les mitrailleuses étaient fréquemment utilisées pour couvrir les flancs de l'infanterie attaquante. Ils contribuèrent matériellement à protéger le coin nord-est du Bois Fréhaut d'une contre-attaque ennemie venant de Bouxières . Des mortiers de tranchées furent mis en place après la prise du bois de Fréhaut , pour couvrir le nouveau front.

Page 154, rapport de brigade : « Les lignes tenues par les Allemands étaient exceptionnellement solides, résultat de quatre années de stabilisation dans ce secteur. Leur artillerie était la plus active, car, sans aucun doute, au cours de ces années, elle avait marqué sur tous les points importants du secteur. De plus, leurs positions constituaient la première ligne de défense de Metz. Les troupes qui les occupaient étaient des hommes jeunes et efficaces et non de vieux soldats issus d'un secteur de repos.»

Je tiens à déclarer ici que notre artillerie divisionnaire a rendu d'excellents services. Cela est particulièrement vrai si l'on considère qu'il était en ligne depuis seulement quelques jours.

Mais une incohérence très apparente apparaît dans le rapport de la Brigade et est consignée dans le rapport de la Division, page 161 : « L'attaque fut renouvelée le 11 au matin, les lignes étant avancées jusqu'à la limite nord du Bois Fréhaut sur une distance de trois et un demi-km. à partir d'une ligne originale. Le rapport *de la Division* dit, comme vous le remarquez, que la ligne a été avancée le 11 jusqu'à la limite nord de Bois Fréhaut , le commandant de division sachant bien que la ligne n'a jamais été avancée au-delà de la limite nord de Bois Fréhaut , car le paragraphe suivant fait référence à la ligne de bataille finale, dont les coordonnées montrent qu'elle *était* la limite nord de Bois Fréhaut , mais le rapport de brigade sur lequel cette partie du rapport de division est basée par un commandant de division qui a pris le commandement juste après l'armistice dit, page 152 : « L'attaque du 10 novembre au matin par des unités de la Brigade a anéanti ce rentrant en avançant nos lignes sur la rive est de la Moselle sur une distance de deux kilomètres et quart. L'avancée ainsi réalisée a été freinée par des tirs d'artillerie lourde et de mitrailleuses et une forte concentration de gaz. L'attaque reprit le matin du 11 novembre, les lignes étant avancées sur une distance de trois kilomètres et quart. une ligne originale.

Cela indiquerait une avance d'un kilomètre. le 11 novembre. Je n'ai pas envie d'en discuter davantage, sinon de dire que c'est *incorrect* . La ligne de bataille finale apparaît comme la limite nord du Bois Fréhaut . Le rapport de la Division indique que « l'attaque a repris le 11 au matin, les lignes étant avancées jusqu'à la limite nord de Bois Fréhaut , sur une distance de trois kilomètres et demi. à partir d'une ligne originale. Puisque, comme cela est clairement démontré, la ligne n'a jamais été avancée au-delà de la limite nord de Bois Fréhaut. *où cette avance* a-t-elle été faite ? Parlant de cette mystérieuse avancée du 11, le rapport de la Brigade dit : « Notre liaison avec les troupes à l'ouest de la rivière s'est ainsi grandement améliorée », indiquant que ladite « avancée » inexplicable et vague se trouvait près de la rivière, donc sur mon front.

Le général Pershing affirme que « l'examen des archives montre que le 2e bataillon a effectivement pris le Bois Fréhaut le 10 novembre et que ce bataillon a occupé cette position jusqu'à l'entrée en vigueur de l'armistice ». Comment pouvait-il dire que nous avons pris le Bois Fréhaut le 10 novembre s'il y avait un km. (ce qui fait presque un mile) restant à prendre le 11 novembre ? À propos de l'avancée du 11, il dit : « il a avancé sur une courte distance mais *s'était retiré* pour couvrir ».

Ce même rapport de brigade montre qu'à 10 heures du matin, le 10 novembre, un message a été reçu indiquant que le 2e Bn. 365e infanterie. avait presque atteint la limite nord du Bois Fréhaut , et qu'à 11 h 15, le 10 novembre, un message fut reçu indiquant que le Bois Fréhaut était *complètement occupé* . La citation ci-dessus du même rapport dit que le rentrant a été anéanti par l'avancée de nos lignes sur la rive est de la Moselle le 10 novembre et que l'avancée ainsi réalisée *a été freinée* par des tirs d'artillerie lourde et de mitrailleuses, etc. L'ordre d'attaque du 11 novembre, l'ordre cité par le général Pershing, montre clairement que cette attaque devait être lancée depuis la limite nord de Bois Fréhaut , notre ligne de front.

C'est dommage de devoir passer du temps à corriger une telle divergence, mais c'est ainsi que cela se lit dans le livre du Dr Scott et je n'ai aucune raison de penser que les rapports de brigade et de division sont imprimés par erreur dans ce livre. Cela *pourrait* donner une fausse impression à un lecteur occasionnel. Certains ne prendront peut-être pas la peine de *constater* qu'aucune avancée *n'a* été réalisée et tenue le 11 novembre. La ligne fut avancée jusqu'à la limite nord de Bois Fréhaut le 10 novembre et ne recula jamais d'un pied pendant un seul instant. Peu de bataillons de couleur ont eu l'occasion de prouver leur vraie valeur. Je ne propose pas de laisser un seul nuage sur le bilan des *succès* et *des réalisations glorieux* d' *un* bataillon de couleur. Cela n'enlève rien à la gloire des autres unités, mais ajoute *grandement* au prestige et à la réputation des soldats de couleur dans leur ensemble.

A un autre endroit, le rapport du général commandant notre brigade dit, page 154, le livre du Dr Scott : « Les commandants des unités effectuant l'attaque, ainsi que de l'artillerie, déclaraient constamment qu'ils étaient précipités dans ces mouvements sans préparation appropriée. . S'ils avaient été familiarisés avec de telles opérations, le temps imparti aurait été suffisant. » Le Major Général, commandant la 92ème Division qui a fait le rapport de la Division sur les opérations des 10 et 11 novembre dit, page 162 du même livre : « L'attaque a été faite sur une préparation très brève, trop brève compte tenu de la force des positions ennemies. , qui étaient très fortement tenus.

J'ai raconté dans la conférence ce que le deuxième bataillon du trois cent sixième cinquième d'infanterie avait subi dans le secteur de Marbache et comment nous avons travaillé toute la nuit précédant l'attaque sur des choses qui *devaient être faites* sans aucune connaissance de quoi que ce soit. Je ne me souviens pas avoir formulé de plainte concernant le manque de temps de préparation. Il est possible que je l'ai fait, car je faisais à tout moment tout et n'importe quoi pour assurer le succès contre l'ennemi. Mais que le temps ait été trop court ou trop long, j'attire encore une fois votre attention sur le fait que *ce* bataillon a accompli sa mission, pleinement, complètement, magnifiquement, sous les canons de Metz.

Le lieutenant-colonel AE Deitsch, un vétéran de l'armée régulière, qui était mon supérieur immédiat et commandait notre régiment pendant cette campagne et qui, avant de rejoindre notre régiment, avait servi dans d'autres divisions sur la ligne de bataille, a déclaré dans un lettre à moi : « La conduite de votre bataillon les 9, 10 et matin du 11 novembre 1918 (qui ont conduit à la prise de Bois Fréhaut) n'aurait pas pu, je crois, être mieux conduite. Comme vous le savez bien, la prise de cette position revient à vous et à votre bataillon.

À la page 154 du même livre, le rapport de la Brigade, parlant du travail de la Brigade dans son ensemble, dit : « Il ne fait aucun doute que certains détails de l'opération n'ont pas été exécutés aussi bien qu'auraient pu l'être des troupes plus expérimentées. . C'était le résultat d'un jugement erroné dû à un manque d'expérience plutôt qu'à un manque d'esprit offensif.

Cela est vrai pour la Brigade dans son ensemble et le rapport dont il est copié est un exposé très général du travail de l' *ensemble de la* Brigade dans cette série d'opérations. Je dis et j'ai montré et je suis prêt à prouver de manière plus exhaustive s'il le faut que la déclaration ci-dessus ne concerne pas *l'un* des six bataillons d'infanterie de cette brigade, à savoir le deuxième bataillon trois cent soixante-cinquième.

Supposons que je doive admettre ou dire que le bataillon qui a capturé cette position apparemment imprenable et l'a maintenue continuellement sous les défenses de Metz n'était qu'un bataillon très médiocre, ou supposons que je devrais admettre ou dire : « Oh, oui, les hommes étaient assez anxieux et après leur départ, ils se sont battus sauvagement avec des rasoirs, des couteaux ou des baïonnettes, mais les officiers de couleur n'avaient aucun jugement et ne pouvaient pas gérer leurs hommes et c'était un bataillon assez pauvre. Que dire alors, que faudrait-il *dire* des *autres* unités de la quatre-vingt-douzième division et des unités engagées de la septième division qui *n'ont* absolument pas réussi à accomplir leurs missions lors de la même attaque ?

La vérité est que les autres bataillons et unités qui n'ont pas réussi à avancer et à tenir contre la position la plus forte du monde – Metz – étaient d'excellentes troupes et ont, dans de nombreux cas, accompli un travail des plus héroïques. Ils étaient en moyenne à égalité avec les bataillons et les unités des principales divisions américaines. La vérité est également claire pour tous ceux qui savent ou *veulent* savoir que le deuxième bataillon du trois cent soixante-cinquième infanterie était un bataillon des plus *exceptionnels* , des plus *merveilleux* , pleinement égal à *tous* égards aux meilleurs bataillons de l'Amérique. Armée ou toute armée ayant combattu pendant la Grande Guerre mondiale. Je défie quiconque de réfuter cette affirmation.

C'étaient *de* merveilleux combattants avec le couteau de tranchée et la baïonnette, mais ils étaient tout aussi efficaces et énergiques avec toutes les autres armes d'infanterie. Prenez l'autre extrême du combat : la paperasse. La paperasse à remplir dans une compagnie de notre armée était stupéfiante. Cela exigeait un travail incessant et une précision absolue. Les compagnies de ce bataillon étaient inégalées. La société « H », par exemple, comme on le sait, a réalisé et rendu des documents qui étaient pratiquement parfaits à tout moment. Ensuite, il y avait la discipline de marche ou de route. Certaines des marches effectuées ont été très éprouvantes. A titre d'exemple, le deuxième bataillon du trois cent soixante-cinquième infanterie a marché du Camp d'Italien dans la forêt d'Argonne au Camp Cabaud au nord-est des Isilett pendant la nuit, dans la boue et dans la confusion et le blocage de la circulation que vous avez. tout le monde en entendit parler, juste avant l'offensive d'Argonne, et *arrivèrent* avec tous ceux qui partaient. *Pas un seul retardataire.* J'ai fourni des certificats signés avant que mes supérieurs puissent y croire. J'ai déjà évoqué le fait très significatif qu'aucun officier n'a jamais été arrêté ou envoyé devant des commissions d'efficacité. Chaque déclaration que j'ai faite et chaque déduction que j'ai tirée est basée sur une connaissance personnelle des *faits* .

Mes efforts pour faire de ce bataillon un véritable succès étaient dus uniquement au fait qu'il s'agissait d'un bataillon américain engagé dans la lutte contre les ennemis de notre Nation. Mes hommes enrôlés étaient de couleur et portaient l'uniforme américain. Mes officiers étaient de couleur et ils étaient mandatés, *non pas par moi, mais par le gouvernement des États-Unis* . Si vous êtes de couleur ou si par hasard vous êtes blanc et que vous avez envie de penser à moi, à mon bataillon et à beaucoup de choses en général, lisez les pages 433 et 438 du livre auquel j'ai fait référence. À propos, le commandant du bataillon dont il est question m'a relevé (il était alors lieutenant-colonel) du commandement du régiment (trois cent soixante-cinquième infanterie) le deuxième jour après l'entrée en vigueur de l'armistice.

Mon idée de la justice est que la race – à savoir les Noirs américains – qui a produit des hommes qui ont servi leur pays avec tant de loyauté, de courage et de compétence, tant comme officiers que comme hommes de troupe sous mon commandement, connaisse *la vérité* sur mon bataillon. Peu importe qu'il s'agisse d'une division, d'une brigade ou d'un bataillon. Il se trouve qu'il s'agissait d'un bataillon. Et peu importe *de quel* bataillon de couleur il s'agissait, mais il est très important et signifie beaucoup pour les Américains de couleur que l'un des meilleurs et des plus grands bataillons de l'armée américaine et du monde soit un bataillon *de couleur américain* .

Si ce que j'ai dit à propos de mon bataillon de couleur peut aider d'une manière ou d'une autre, ou inspirer et stimuler les Américains de couleur dans leur lutte pour l'avancement et pour l'atteinte de la justice qui « exalte une nation », j'en serai heureux.

Voici le *témoignage* auquel j'ai fait référence. Cela confirme certaines choses évoquées dans la conférence.

QUARTIER GÉNÉRAL DU 365E D'INFANTERIE.

Major Warner A. Ross, 365e d'infanterie, commandant du 2e bataillon, alors qu'il menait son bataillon et une partie du premier bataillon en action dans le « Bois Fréhaut » sur la rive est de la Moselle au nord de Pont-à-Musson et sous les canons de Metz, le matin du 10 novembre 1918, avec l'ordre de la Brigade de capturer et de tenir cette forte position allemande, firent preuve d'une bravoure, d'un sang-froid et d'une efficacité exceptionnels sous un feu nourri. Il dirigea personnellement ses forces et établit ses premières vagues en position de tir dans le no man's land, immédiatement devant les observateurs, mitrailleurs et tireurs d'élite ennemis. Il établit alors, après avoir encouragé ses hommes à travers les barbelés ennemis, sous de lourds barrages, son poste de commandement à la lisière du « Bois Fréhaut », dans ce qui était auparavant territoire ennemi. Ce poste de commandement était un trou d'obus sans protection contre les tirs d'artillerie et était établi à cet endroit pour que les coureurs revenant des pelotons et des compagnies puissent suivre la lisière du bois et le retrouver facilement. Il le garda comme PC jusqu'à 10h30 le matin du 11, date à laquelle la nouvelle de l'Armistice lui parvint.

Le major Ross a refusé de déplacer son quartier général malgré le fait qu'un avion hostile l'avait localisé et que d'autres l'avaient abandonné. Des éclats d'obus ont éclaté dessus et des obus explosifs ont fait de grands trous tout autour. Les côtés étaient effondrés et il était autrefois presque complètement enterré. Pendant la nuit, il s'est rempli de gaz moutarde. Il ordonna d'y saupoudrer de la chaux et un feu s'alluma et resta. En se déplaçant vers une position moins exposée ou vers une pirogue, sa liaison aurait été altérée. C'est une excellente liaison qui lui permet d'envoyer des renforts pour faire face aux contre-attaques et aux mouvements de flanc tentés par l'ennemi.

La bravoure du major Ross et son indifférence à l'égard de sa sécurité personnelle dans sa détermination à gagner cette bataille méritent une reconnaissance particulière. Une telle conduite va bien au-delà de l'exercice normal des fonctions d'un commandant de bataillon. Le « Bois Fréhaut », la « Belle Aire Ferme », la « Ferme de Pence » et le « Bois de la tête d'Or » furent repris à l'ennemi et la ligne de bataille modifiée par cette victoire.

Témoins (signés) :

EDWARD B. SIMMONS ,
major, corps médical, chirurgien régimentaire .

FE SWEITZER ,
capitaine, 365th Inf., Regtl . Adjudant .

TC HOPKINS ,
capitaine, 365th Inf., Regtl . Officier du renseignement .

WALTER R. SANDERS ,
capitaine, 365th Inf., commandant en second à l'époque .

WM. W. GREEN ,
capitaine, 365th Inf., Comdg. Co. H, 365e Inf.

JOHN F. PRITCHARD ,
1er lieutenant, 365e infanterie, adjudant, 2e Bn.

GARRETT M. LEWIS ,
1er lieutenant, 365e Inf., Comdg. Reserve Co. à cette époque .

UJ ROBINSON ,
1er lieutenant, 365e Inf., aumônier .

LA FIN